ファーストクラスに乗る人が大切にする51の習慣

まえがき

はじめまして。毛利仁美と申します。

たくさんの本のなかから『ファーストクラスに乗る人が大切にする51の習慣』を手に取っていただき、ありがとうございます。

私は1998年に日本航空に入社し、約11年間をキャビンアテンダント（CA）として、その後はインストラクターとして新人教育を行い、2010年に退職しました。

仕事に従事していたすべての時間が学びの連続でしたが、なかでもファーストクラスを担当するCAとして一流の方々に触れた経験は、かけがえのない心の財産となっています。

飛行機を降りた今になって振り返ってみると、ファーストクラスで繰り広げられていた出来事が非日常の世界だったかのように感じられます。普通なら出会うことのない雲の上の人達と同じ空間で過ごし、言葉を交わしながら、本当にたくさんのことを吸収させていただきました。

いつしか私は、この貴重な経験を一人占めするのはもったいない。ファーストクラスで見聞きしたことを一人でも多くの方に伝え、私がそうであるように生きる糧《かて》にしていただけたらどんなに素晴らしいだろうと考えるようになりました。

けれど思うだけでは夢をかなえることはできません。そこである方に相談したところ、その方がプレジデント社を紹介してくださり、こうして生まれたのが本書です。

私の少々お節介な気持ちが実を結ぶことになったわけですが、実際、ファーストクラスのCAをしていたという経歴を話すと、誰もが一様に「ファーストクラスに乗っているのはどんな人達なの？」と関心を示します。

やはり多くの人にとって「一流」と呼ばれる人は神秘のベールに包まれているようです。自分の勤める会社のトップの顔や名前、経営方針については知っていても、実際に話すことはおろか、プライベートな側面については知る術《すべ》もないという人が多いのではないでしょうか？

本書ではタイトルの通り、ファーストクラスに乗る日本のトップクラスの方々が、どのような価値観を抱き、どのようなマナーを備え、どのような心構えで日々を過ごしているのかといった「一流の人」に共通する習慣をご紹介しています。

そこから浮き彫りになるのは、人生哲学の数々。すなわち本書は「一流といわれる人が、いかにして成功することができたのか？」ということが大きなテーマになっているのです。

また、「そもそもファーストクラスと他のクラスはどこが違うのだろう？」と疑問を抱いている方のために、ファーストクラス、ビジネスクラス、プレミアムエコノミークラス、エコノミークラスにおけるサービスの違いを具体的に記すことにも力を注ぎました。

第1章では、限られた人しか足を踏み入れることのできないファーストクラスのさまざま、ファーストクラスのシートの様子やお食事、ドリンクのメニューに至るまで、その全貌を写真つきで公開しています。

私自身がＣＡになるまで知らなかったこと。たとえばファーストクラスのラーメンはＣＡが生麺をゆでている、ファーストクラスのお手洗いには着替える場所まである、といった雑学的な事柄も随所にちりばめました。「へぇ〜、そうなんだ！」と気軽に楽しみながら好奇心を満たしていただけるとうれしいです。

国内線のＣＡから国際線のファーストクラスを担当するＣＡになる経緯について尋

ねられることも多いので、この場を借りて説明したいと思います。

私が日本航空に入社した当時、入社試験のエントリー者は９０００名、合格者は３００名でした。私は学生時代の友人がＣＡの試験を受けると言っているのを聞いて、ＣＡを仕事に選ぶという道があることを認識しました。狭き門だと知っていただけに合格した時は信じられない気持ちでした。

当初から、どうせやるからにはファーストクラスのＣＡになりたいと夢見ていた私は、我ながら野心家だったと思います。

入社後２カ月の訓練期間のあと、ＯＪＴ（新入社員教育）を経て国内線の客室乗務員として働き始めました。この時点で訓練の厳しさを理由に脱落する人もいるようですが、私の同期には辞めた人はいませんでした。

日本航空ではシステムとして、誰もが平等に最初の３年間は契約社員期間となっています。その間に英語や機内でのパフォーマンスチェックといったたくさんの試験が行われ、総合点数の高い順に国際線エコノミークラスの訓練に入るのです。

そして約１カ月の国際線訓練後に近距離国際線乗務。私の場合は１年後にビジネスクラスの訓練を受け、さらに約１年半後にファーストクラスの訓練に入りました。

現在では、ビジネスクラスとファーストクラスの訓練を同時に行っているようですが、訓練は受けても、試験に合格しなければファーストクラス担当CAとして乗務できない点は変わっていません。

CAになって最も大変だったのは時差調整です。ヨーロッパから戻り、時差ボケがなおらないままアメリカへ渡り、3日休んだらアジアに飛ぶといったシフトに慣れるまでには時間がかかりました。

一方で、最もうれしかったのは、月並みですが「ありがとう」とお客様に言っていただく瞬間でした。なかでも初めて「毛利さんは一人ひとりの乗客の目線の高さまで腰を落として対応しており、優しさを感じた」というグッドコメントをいただき、CS(お客様満足度)表彰をされた時の喜びが忘れられません。

念願だったファーストクラスの担当CAに任命された時もうれしくて、搭乗する前日には、ステイ先のホテルでその感動をビデオ撮影したほどです。

けれど実際にファーストクラスのお客様へのサービスを通して得る感動は、想像をはるかに超えるものでした。私は一流の人達の品格、立ち居振る舞い、気配り、思慮深さを含めた人間力のすべてに感化され、そのことがCAとしての向上心のみならず、人生に大きな影響を及ぼすに至ったのですから。

日本航空退社後は、フランスに短期留学してフラワーアレンジメント講師の資格を取得し、教室を開きました。その後、『ビジネスマナーの教科書』（共著／TAC出版）を出版したのを機にマナーコンサルタントとしての活動を開始。旅行会社でマナーのチーフコンシェルジュとして新人教育を行ったり、ホテルやカフェ、企業などで研修を実施しています。

私が現在の活動の礎《いしずえ》としているファーストクラスのお客様から学んだ数々のことは、どれも一見すると誰にでもできそうな簡単なことばかりですが、簡単で当たり前なことを手を抜かずに続け、習慣化することに意味があるのです。

本書を読んでくださった方の心に何か一つでも響きますように。そして実践し、習慣化することでより豊かな人生を歩んでいただけますようにと願ってやみません。

上：CA時代の記念写真。下：フライト中に気づいたことなどを記録し続けたフライトノート。

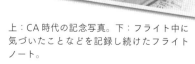

ファーストクラスに乗る人が大切にする51の習慣　目次

第4章 ファーストクラスに乗る人の人間力

第5章 ファーストクラスに乗る人の時間の使い方

第6章 ファーストクラスに乗る人の習慣

第1章

憧れのファーストクラスのサービスとは?

ファーストクラスを利用する人の年収は3000万円以上？

少し前のことになりますが、フランスの経済学者トマ・ピケティー氏の『21世紀の資本』という本が大きな話題を呼びました。

ピケティー氏によれば、日本で二十歳以上の所得のない人を含めたトップ1パーセントに入る人の年収は1300万円。少ないようにも思いますが、給与をもらっている人を対象とした平成24年度国税庁の民間給与実態統計調査の結果も、トップ1パーセントは年収1500万円と発表されていました。

それではトップ1パーセントにあたる年収1500万円の人がファーストクラスを利用するのかといえば、難しいところなのではないでしょうか。たとえば日本航空の、成田発ニューヨーク行きのファーストクラスの往復航空運賃は198万8000円

（２０１６年３月現在）。やはりファーストクラスは多くの人にとって高根の花だといえそうです。

では本書でこれから取り上げる、頻繁にファーストクラスを利用する人達の年収はいくらくらいなのでしょうか？

ＣＡは飛行機が出発する前に、必ずそれぞれの便のサービスの流れを確認するためのブリーフィングを行いますが、その際に目を通す「ファーストクラスのお客様情報リスト」には、主に年収３０００万円以上の上場企業の重役、実業家、医師、弁護士、オーナー社長、芸能人といった方々が名を連ねていました。

たとえばＪＡＬで使用されているＢ７７７－３００ＥＲ　Ｗ84コンフィグレーション機の座席総数は２４４席。そのうち、ファーストクラスは8席、ビジネスクラスは49席、プレミアムエコノミーは40席、エコノミークラスは１４７席です。すなわち**ファーストクラスの乗客は全体の約３パーセント**ということになります。

ただし、その３パーセントの方々がエアチケットを自分のお金で購入しているとは限りません。社用である場合には、会社の経費で、秘書がチケットを手配するということになります。もっともそれができるのはトップクラスのビジネスパーソンだけなのではないでしょうか。

ビル・ゲイツ氏はエコノミー派

社用でファーストクラスを利用する人がプライベートで旅行をする場合にはどうなのか？　といえば、私の知る限りでは、ご夫婦での旅行の場合にはファーストクラス、家族旅行はビジネスクラスでという方が多いようです。

かの**ビル・ゲイツ氏がエコノミークラスを利用している**というのは有名な話ですが、日本にも、普段はファーストクラスに乗るのに、家族と旅行する場合にはあえてエコノミークラスを利用するという人がいます。幼い子供が騒いだりして周囲の方の迷惑になってはいけないと考える方や、子供がファーストクラスやビジネスクラスに乗るのはまだ早いという教育方針をお持ちの方です。

特にオーナー企業の社長は、**子供をエコノミークラスにしか乗せない**傾向が強いように思います。彼らは二世に対して「頑張りなさい」とエールを送りつつ、決して甘やかすことはしません。友達と海外旅行へ行きたければ自分で稼げるようになってから、予算がないのならエコノミーで行きなさいと伝え、厳しく突き放すのです。

「お金があるから」ではなく

先輩から伝え聞いた話によれば、俳優であり、実業家でもある著名な方とその奥様も同じお考えだったようです。

ある日、ファーストクラスに乗っていたそのご夫妻のもとへ、エコノミークラスから入国書類の確認のために訪れた高校生のお嬢さんは、豪華な席を見て「パパ達はいいな」とうらやましがっていらしたのだとか。その時にお父様はすかさず「おまえも自分で頑張って稼げるようになるか、いい旦那さんをみつけて乗りなさい」とおっしゃったそうです。

お金があるから家族でファーストクラスに乗るというのではなく、**子供自身が努力をして、その立場に立てるように見守る。**素晴らしい教育だと思います。

ファーストクラスの特典その1　個の空間

それにしてもファーストクラスはなぜ価格が高いのでしょう？

飛行機が目的地へ到着する時間は、エコノミークラスであってもファーストクラスであっても変わりません。それなのに……と不思議に思う方もいるようですが、実は**ファーストクラスの特典は飛行機に搭乗する前から始まっている**のです。

空港に到着後はチェックインカウンターへ向かいますが、8席しかないファーストクラスのカウンターではスムーズに搭乗手続きをすることができます。つまり長蛇の列に並ぶことがないという特典です。

トランクなどの受託荷物の重量も、一般の乗客の場合、プレミアムエコノミークラ

ファーストクラスのボーディングチケット。「F」の文字が控えめに存在をアピール。

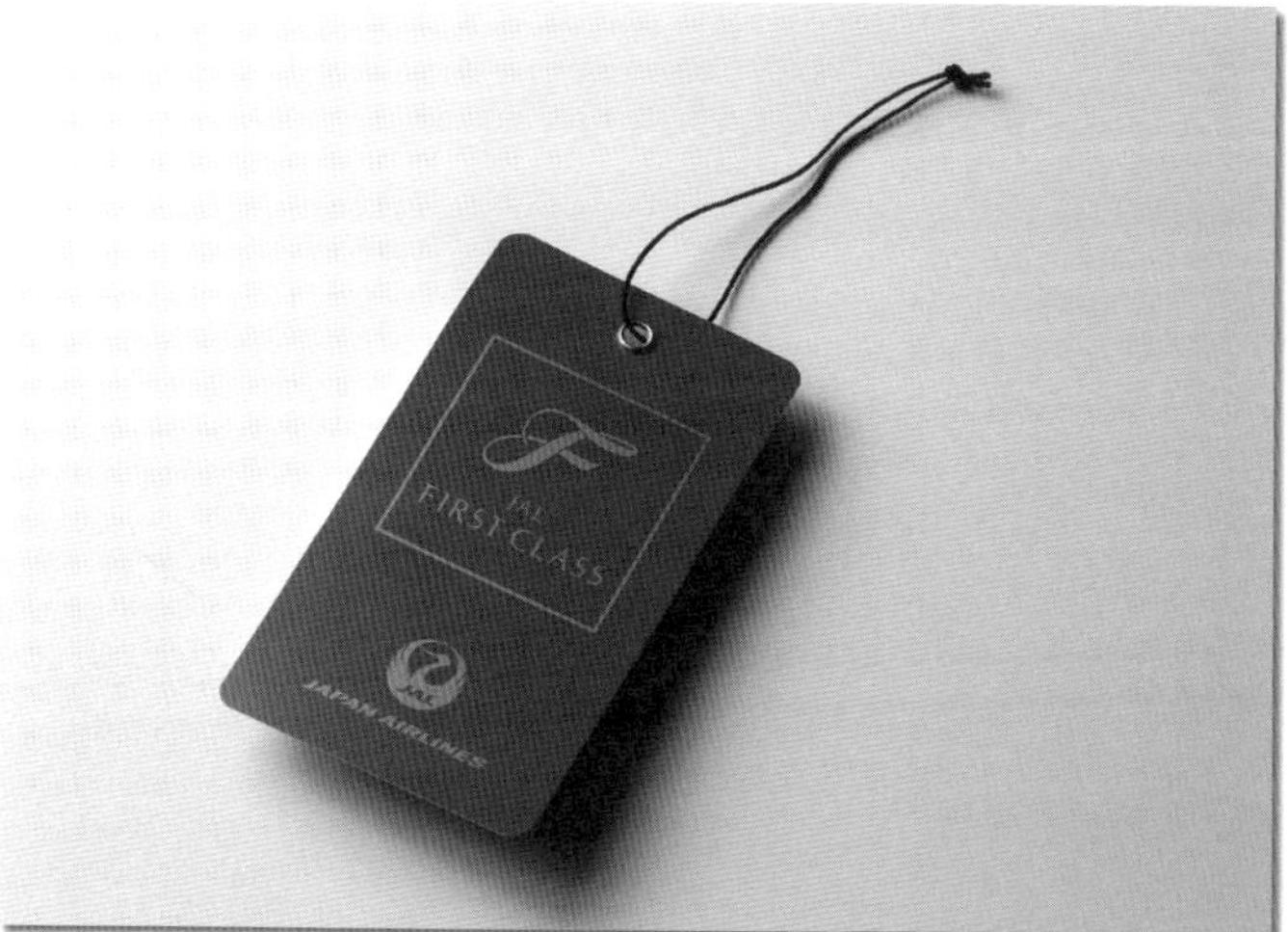

赤にゴールドがあしらわれた、高級感漂うファーストクラスのバゲージタグ。

ス、エコノミークラスは23キログラム以内の荷物を2個までとなっています。一方、ファーストクラス、ビジネスクラスは32キログラムの荷物を3個まで無料で預けることができます。

また、目的地に到着後のバゲージクレーム（荷物引き渡し所）では、赤いタグのついたファーストクラスの方の荷物が最優先で出てきます。

出発時の話に戻りますが、審査を終えて搭乗ゲートを出たあと、ファーストクラス、ビジネスクラス、ＪＡＬグローバル会員の方は、ファストセキュリティゾーンへと進み、専用ラウンジへ。

成田空港であれば、ＪＡＬグローバル会員、ビジネスクラスの方は「サクララウンジ」、ファーストクラスの方は「ファーストクラス専用ラウンジ」とラウンジが分かれています。

私がＣＡをしていた時代にはありませんでしたが、現在ではプライベートラウンジもあるということです。

JAL　クラスごとの座席シートの違い

	ファーストクラス	ビジネスクラス	プレミアムエコノミークラス	エコノミークラス
座席配列	1－2－1	2-3－2	2－4－2	3－3－3
座席数	8席	49席	40席	147席
シート幅（アームレスト間）	約58cm	約52cm	約48cm ＊一部座席を除く	約47cm ＊一部座席を除く
ベッド幅	約84cm	約65cm	—	—
ベッド長	約199cm	約188cm	—	—
前後間隔（ピッチ）	—	—	約107cm ＊一部座席を除く	約84～86cm ＊一部座席を除く
個人モニターサイズ	23インチ	23インチ	12.1インチ ＊最前列は8.9インチ	10.6インチ ＊最前列は8.9インチ

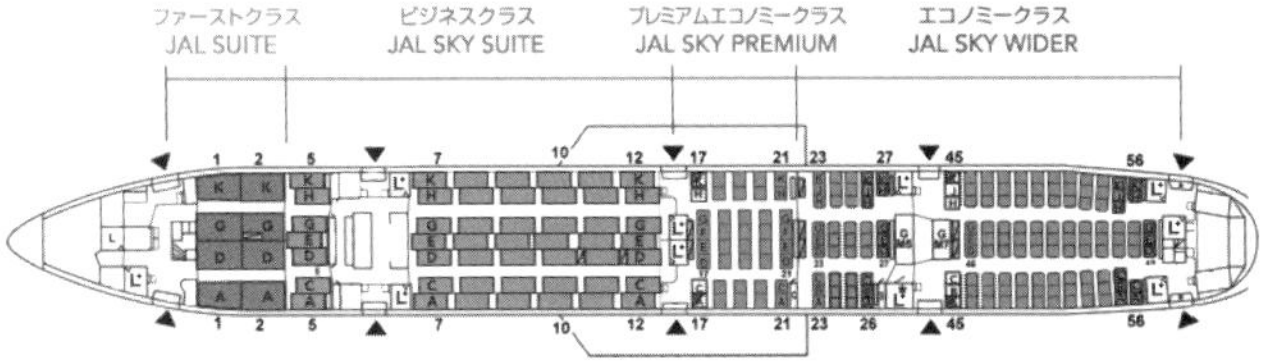

JAL機内のシートマップ。ファーストクラスは前方の8席のみ。

機内での過ごし方も「個」が最優先

いよいよ搭乗ですが、これももちろんファーストクラスの方が最優先です。その日のファーストクラス担当CAに迎えられ、コートやジャケットを預けたら、座席へ向かいます。

座席8席に対してCAは3人。CAは、お客様と向き合う折には、必ず名前を添えるよう指導されています。「○○様、お食事のメニューをお持ちしました」といった具合です。

ファーストクラス、ビジネスクラス、プレミアムエコノミークラス、エコノミークラスの大きな違いの一つとして挙げられるのが、座席シートでしょう。21ページに「JAL SKY SUITE777」を例に挙げて比較してみましたので、ご覧ください。

すべてはくつろげる「個」の空間のため

ファーストクラスのお客様に、**空の上でもくつろげる「個の空間」**を提供するため

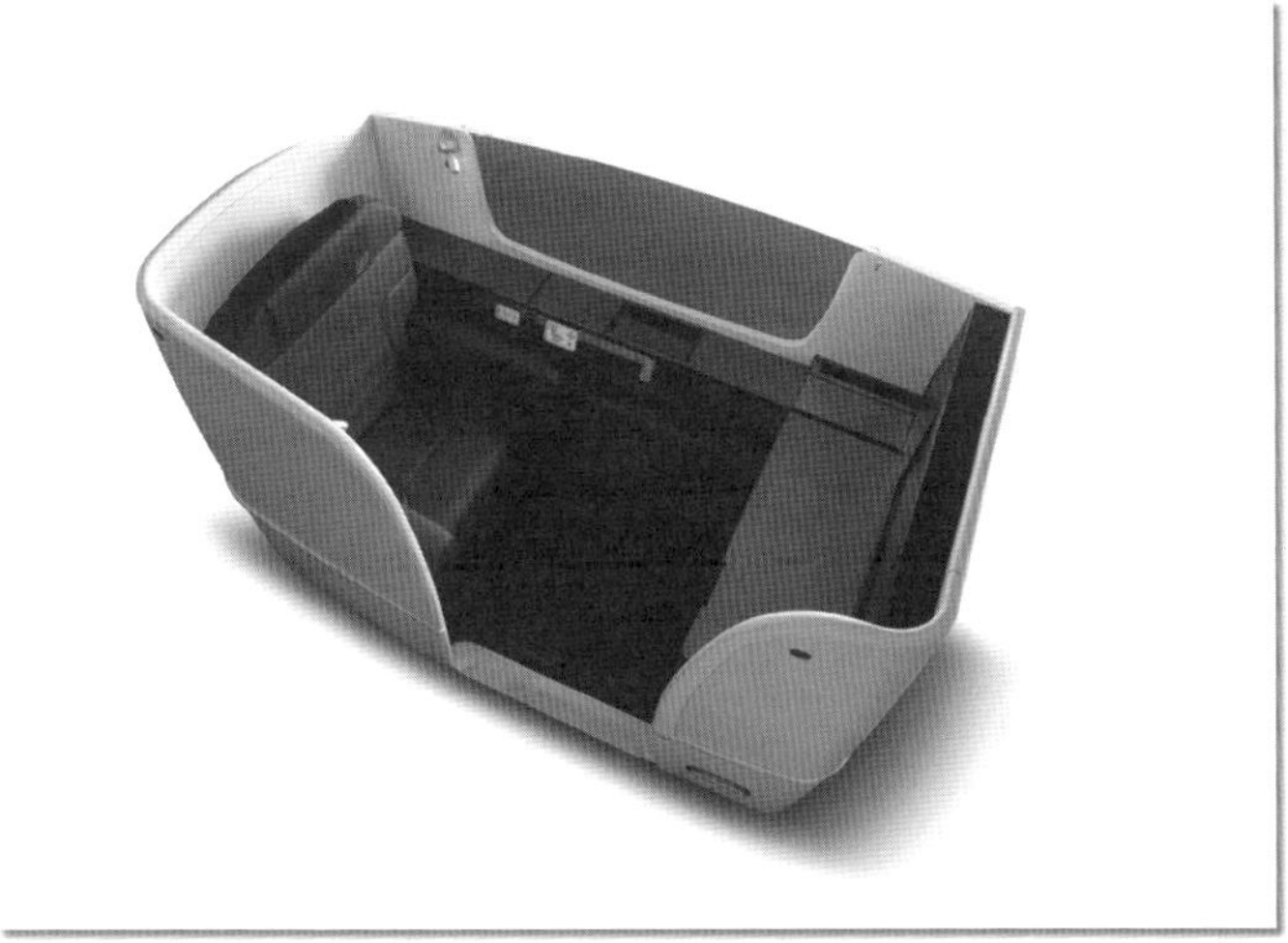

ファーストクラスの座席は言うまでもなく独立性が高い。個の空間でくつろげる。

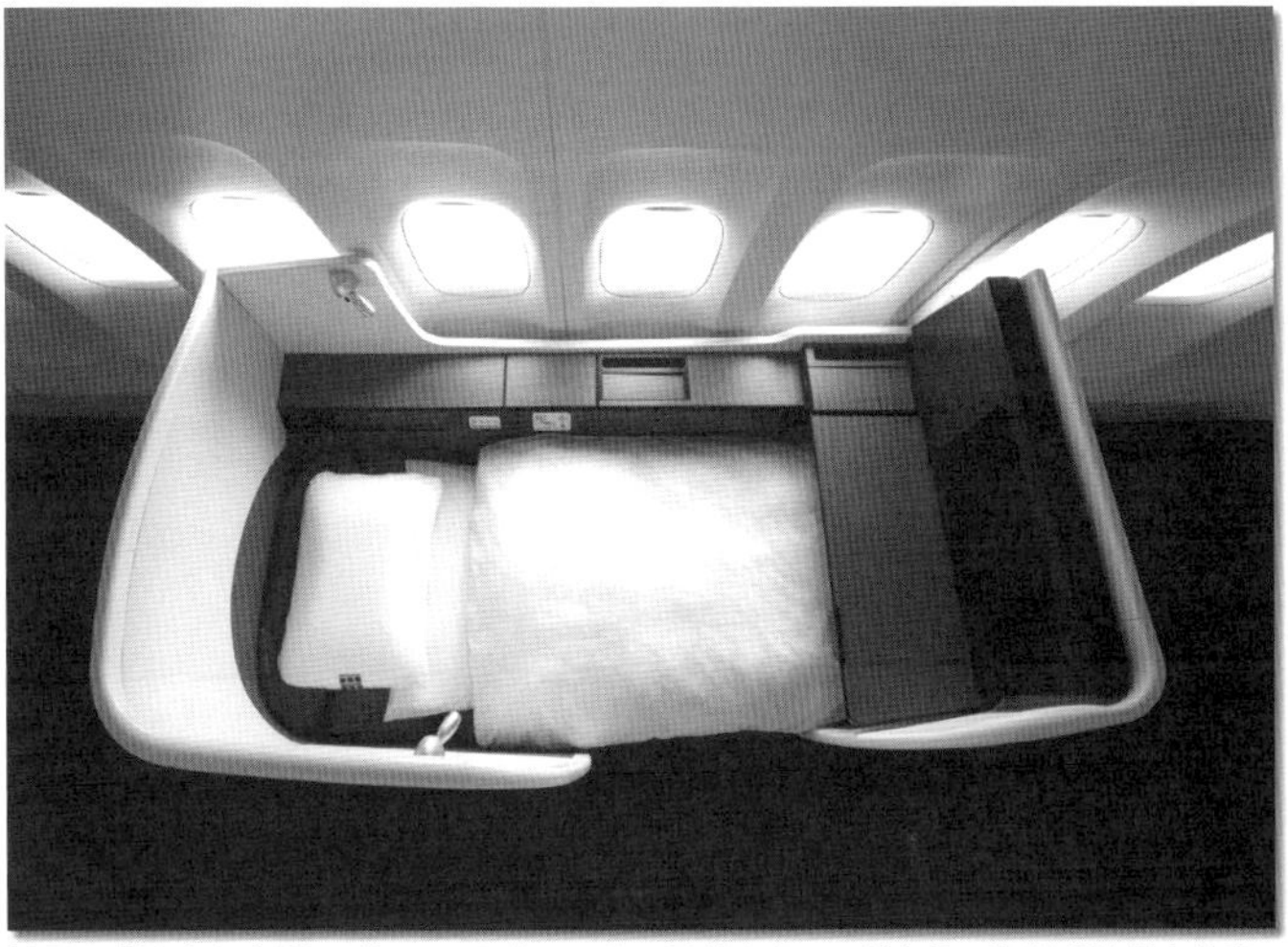

椅子の背もたれを倒せばフラットなベッドに早替わり。こだわりの寝具が快眠を約束。

の取り組みはそれだけではありません。

機内でお客様一人ひとりに、その便での「お過ごしプラン」をうかがい、そのプランに合わせてお食事のサービスをしたり、スポーツ選手などにも支持されている会社のマットレスと枕、羽根布団を用意してお休みいただくなど、個々のお客様のご希望に合わせたサービスを行います。

またビジネスクラスやエコノミークラスでは、お食事が終わったあとにお化粧室を利用するための列ができてしまうのが常ですが、ファーストクラスでは8席に対して2カ所の化粧室があるので、そうしたことはありません。

万が一、他のお客様がご利用の場合には、お席でお待ちいただき、空いた時点でCAがお知らせするというのが習わしです。

ファーストクラスの特典
その2　厳選された食事

食事ももちろん違います。

選ばれし一流シェフ達によってプロデュースされた料理は、和食・洋食（メインは3品のなかから選択可能）と種類が豊富なアラカルトが用意され、事前に予約をすることもできます。

それらの食材を、ファーストクラスを担当するCAが機内でレシピ通りに調理し（お肉の焼き加減も習います）、陶器のお皿に美しく盛り付けます。

テーブルクロスを敷き、和食の場合は箸・箸置き・ナプキンを乗せた半月盆、洋食の場合にはフォークやナイフ・パン皿・コンディメントセット（塩・胡椒・バター・オリーブオイル）、そしてグラスを丁寧にセットし、お食事のサービスを始めます。

どんな要望にも柔軟に対応

サービスは、特別な訓練を受けたＣＡがそれぞれのお客様のペースに合わせて行い、メインディッシュの代わりにラーメンを召し上がりたいといったご要望にも柔軟に対応します。

ちなみにアラカルトで用意しているラーメンやうどんは、ＣＡがギャレー（機内の台所）で実際にゆで、ザルを振って湯切りをするという徹底ぶりです。

また、ソムリエや利き酒師の資格を取得しているＣＡも多く、お料理に合うワインや日本酒をお勧めします。一番人気は幻のシャンパンといわれる「サロン」です。

ファーストクラスで供される和食の一例。食器はすべて「本物」。盛り付けも美しい。

同じくファーストクラスで供される料理から。調理、盛り付けはすべてCAの仕事。

ファーストクラスの特典
その3　極上のホスピタリティー

先程も述べましたが、ファーストクラスを担当するためには、エコノミークラス、ビジネスクラスのサービスで一定以上の評価を受けた上で、特別な訓練を受けなくてはなりません。

ファーストクラスの訓練では、当然のことながらサービスに関する一連の流れや、提供する食事の食材、ソース、お勧めの召し上がり方、ワインなどについて学びますが、それ以上に重要視しているのが**お客様一人ひとりを大切にする**ということです。

サービスは一方的に与えるものではなく、**サービスを提供する側とそれを受けるお**

クラス別　主なサービスアイテム比較表

	ファーストクラス	ビジネスクラス	プレミアムエコノミークラス	エコノミークラス
CAの自己紹介	○	○		
お客様の名前を呼ぶ	○			
新聞	○	○	○	
上着の預かり	○	○		
ヘッドフォン	○	○	○	イヤホン
メニューホルダー	○	メニューカード		
リラクシングウエア	○（持ち帰り可）			
コットンカーディガン		○		
コスメティックキット	○（男性用、女性用あり）	アメニティーキット		
スリッパ	○	○	○	
歯ブラシセット	○	○	○	
ウェルカムドリンク	○			
テーブルクロス	○	○		
アペリティフ	○	○		
アミューズブーシュ	○	○		
テーブルセッティング	○			
羽毛布団	○			
テンピュールマットレス	○			
枕	○（種類を選べる）	○	○	○
メーリングサービス	○	○		

客様との共創なのだということを徹底して学びます。
すなわち、サービスに思い込みや押しつけがあってはならず、CAはお客様との会話やお客様のしぐさ・反応により、その都度サービスを変える応用力が求められるのです。

同時に先輩達からは、

一流のCAになりたければ、一流の人やものに触れなさい。
一流のサービスをしたければ、月に一度は一流のサービスを受けなさい。
一流を知るために、収入の3割を自分への投資に使いなさい。

と教えられました。
そこで海外のステイ先では、先輩達に連れられて、よく美術館やレストランへ足を運びました。日本でもフレンチの王道「アピシウス」や「ロオジエ」、和食の名店「小十」などに出向きました。

クラス別　ドリンクサービス

	ファーストクラス	ビジネスクラス
シャンパン	サロン、ローランペリエロゼ・アレクサンドラなど常時2種を搭載	Delamotte、Pommery
ドライシェリー	ティオペペ	ティオペペ
ドライベルモット	Martini & Rossi Extra Dry	Martini & Rossi Extra Dry
スイートベルモット	Martini & Rossi Rosso	—
カンパリ	Campari	Campari
梅酒	鶯宿梅	鶯宿梅
ウイスキー	**American Whiskey:** BOURBON **日本産 Whiskey**：サントリー響	**Scotch Whiskey：** Chivas Regal **American Whiskey：** Jack Daniel's Black **日本産 Whiskey：** サントリー山崎、白州
ジン	Bombay Sapphire	Bombay Sapphire
ウォッカ	Absolut Vodka	Absolut Vodka
日本酒（清酒）	白鶴、菊正宗	白鶴、菊正宗
日本酒（吟醸酒）	厳選大吟醸酒	厳選吟醸酒
焼酎	厳選焼酎	吾空、尽空
ビール	アサヒ、サッポロ（エビス）、キリン、サントリー	アサヒ、サッポロ（エビス）、キリン、サントリー
ブランデー	Remy Martin X.O.	Remy Martin V.S.O.P.
リカー	Cointreau、Bailey's Irish Cream、Creme de Cassis	Cointreau、Bailey's Irish Cream
ワイン	ボルドー（赤）、ブルゴーニュ（赤、白）、ドイツ（白）、日本（白）、イタリア（赤）、チリ（赤）、ポートワイン	ボルドー（赤）、ブルゴーニュ（赤、白）、カリフォルニア（赤、白）、日本（白）、ドイツ（白）、オーストラリア（赤、白） ＊ただし路線によって異なる
ソフトドリンク	オレンジジュース、アップルジュース、トマトジュース、グレープフルーツジュース、炭酸水、トニックウォーター、ジンジャーエール、スプライト、コカ·コーラ、コカ·コーラゼロ、ペリエ、ミネラルウォーター、ウーロン茶ブレンド、冷緑茶など	オレンジジュース、アップルジュース、トマトジュース、グレープフルーツジュース、炭酸水、トニックウォーター、ジンジャーエール、スプライト、コカ·コーラ、コカ·コーラゼロ、ペリエ、ミネラルウォーター、ウーロン茶ブレンド、冷緑茶など ＊ただし路線によって異なる
コーヒー類	コーヒー、紅茶（フレーバーティー、ハーブティーなど5種）、日本茶（緑茶、ほうじ茶）、カフェインレスコーヒー、エスプレッソ、カプチーノ	コーヒー、紅茶、カフェインレスコーヒー、ハーブティー、中国茶（路線による）

そうした一流店は料理もさることながら、サービスマンのサービスにも目を見張るものがあります。

たとえば、こちらから何も発信しなくても、席についた人達の人間関係や上下関係を察し、着席位置に頼らず、先にサービスすべき人を判断し、ワインのテイスティングの際には、最適な人を見抜くといった洞察力を備えています。

そこで体験したことのすべてが、ファーストクラスのサービスを担う上で非常に役に立ちました。

1冊のゴルフ雑誌から感動を生む

個人的には、**二度目にお会いする時が、心に残るサービスができるかどうかの勝負の分かれ道**だと思っています。

初めてお目にかかるお客様にもできる限りのことをするのは当然なのですが、極上のサービスというのは、相手の想像を超えて初めて生まれるもの。二度目以降のほうがより感動していただける可能性が高いのです。

たとえば、機内で人気の某ゴルフ雑誌を読みたいとリクエストされたものの、他のお客様がお読みになっていることもあります。そうした場合には、お待ちになっている方の情報をCA同士で共有し、他のお客様が読み終わり次第、ご希望の方にお届けします。

ところが、時には他のお客様がなかなか読み終わらないこともあります。そうした折には、雑誌をリクエストされたお客様に、少し時間がかかりそうだと伝えた上で、代案として他のゴルフ雑誌やスポーツ新聞をお持ちします。

この時点で喜んでくださるお客様も多いのですが、それだけで終わらないのがサービスマンとしての腕の見せ所。時間が許す範囲でスポーツ新聞のゴルフ関連の記事を切り貼りしてお届けすることもありました。

お客様はこちらの気持ちをくんで喜んでくださいますが、でもまだ、ここで終わってもいけません。

雑誌が空いたらお届けする？　それは当然すぎることです。では何をすればよいのでしょうか？

私は**お客様とのやり取りを記憶（記録）**していました。次にそのお客様が搭乗なさった時に、前回ゴルフ雑誌をお届けできなかったことを詫び、「今回はご用意しておきました」と告げながらお渡しするのです。

するとお客様は、自分のことを覚えてくれていたとは、と感動してくださいます。それがどんなに些細なことであっても必ず喜んでいただけますし、お客様との距離感を縮めることにもつながります。

「**他の誰かではなく、あなたのことを覚えています**」というメッセージは相手に対する敬意だと思います。

もちろん他のクラスでもできる限りのことはしますが、ファーストクラスではお客様8名に対してCA3名。エコノミークラスではお客様147名に対してCA2名が対応しますので、どうしてもお一人にかける時間に差が出てしまいます。

すなわち極上のホスピタリティーは、ファーストクラスに乗る人の特権であるといえるのです。

ビジネスクラスはなぜ「C」なのか?

航空券には必ず、CLASSと書かれた横にアルファベットでプライムコードが記入してあります。ファーストクラスは「F」、ビジネスクラスが「C」、エコノミークラスが「Y」ですね。

これについて、機内でよく質問されることがありました。それは、ファーストクラスの「F」はわかる。でも、どうしてビジネスクラスは「C」で、エコノミークラスは「Y」なのか? というものです。

このことに関しては諸説ありますが、私が聞いた話によれば、ビジネスクラスを「C」と表記するようになったのは、今はなきパンアメリカン航空の「クリッパークラス」に由来しているとのことです。

1970年代半ばまで、飛行機にはファーストクラスとエコノミークラスしかありませんでした。そこへパンアメリカン航空がファーストとエコノミーの中間にあたるクラスを設けて「クリッパークラス」とし、それに準じてClipper(快速帆船、長距離用の快速飛行艇)の頭文字である「C」に統一されたと言われています。

エコノミークラスを「Y」とするのは、「E」とすると「F」と紛らわしいため、economyの末尾にある「Y」としたという説が一般的なようです。

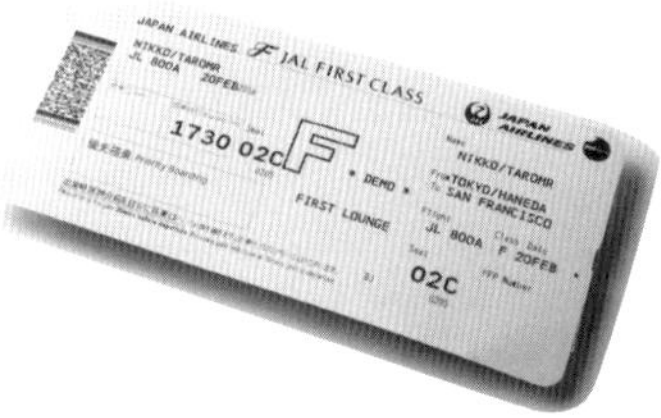

第２章

ファーストクラスに乗る人の品格

一流の人はエコノミークラスにいてもわかる

エコノミークラスでのサービスは、一人のCAが70人のお客様の担当をします。100キロを超える機内食のカートを押し、時にはカート内に用意がない物を頼まれてギャレーへ戻り、コールボタン（呼び出しボタン）の対応に追われ……と何かと忙しいのですが、そんなエコノミークラスでサービスをしていても「**この方は何かが違う**」と感じる瞬間があります。

たとえば重い荷物を棚にあげようと苦戦していると、何も言わずに立ち上がり手伝ってくださる方。

お食事を運ぶ際に「数が足りているのなら和食をいただけますか」と丁寧な口調でおっしゃる方。

何かをするたびに、必ずこちらの目を見て「ありがとう」と言ってくださる方……。

ある時、同僚が担当したエコノミークラスにも、明らかに「何かが違う」というオーラを発している方が乗っていたそうです。

物腰が柔らかく、終始笑顔で接してくれるそのお客様のことを彼女は「世界的に有名な指揮者にお顔立ちの似た、感じの良い方だな」と思ったといいます。

ところが着陸する時になって地上から連絡が入り、「世界的に有名な指揮者に似た人」ではなく、ご本人だということが判明したのです。

友人は、まさかエコノミークラスに乗っているはずがないという思い込みを抱いていたわけですが、「でも何かが違うと思っていたのよ。私だけじゃなくて、他のCAも同じように感じていたみたい」と話していました。

「何も言わなくてもわかる」人になろう

素敵なオーラを放っている人がいる一方で、少々残念なオーラの人もいます。

たとえば普段はビジネスクラスを利用しているのに、満席でエコノミークラスに乗ることになったという人。

そうした方は終始不機嫌で、事あるごとに「いつもはビジネスなんだけど」などと言い、なかにはビジネスクラスのスリッパを持ってくるよう要求する人もいます。

本当に一流の人であれば、何も言わなくてもわかるのに、本当に残念です。

習慣 1

自分の希望と違った場でも、感情を表に出さない

ファーストクラスでは セミフォーマルが常識

私が初めてファーストクラスを担当した時に感じたのは、エコノミークラスやビジネスクラスに比べて機内の景色がまるで違うということでした。

座席の配置も違えば、お客様の数も違うのですから当然なのですが、それにしても独特な雰囲気に圧倒されてしまいました。その後、なぜ圧倒されたのだろうとよくよく理由を考えてみたところ、ファーストクラスはお客様の装いが違っているのだということに気づきました。

他のクラスには、プライベートで海外へ出かける人が大勢乗っていることもあってカジュアルな装いの方が目立ちます。一方、ファーストクラスのお客様の多くが社用であるかないかにかかわらず、**ジャケットを着用**していました。

ファーストクラスに特にドレスコードがあるわけではないので、カジュアルな服装で搭乗し、降りる直前に着替えればよいのでは？　と考えてしまいがちですが、それがそうではありません。


なぜなら、**ファーストクラスに乗る方にとって機内は社交の場**なのです。私もお客様同士があいさつを交わしている姿を幾度となく見かけました。

いつ誰に会うかわからない、誰に見られているのかわからないと考え、**常にきちんとした格好をするのは、一流の人に共通した習慣**です。

たとえばその方が社長であれば、会社の看板を汚すことはしないという責任感の表れだと思います。

また、その空間を共にする人達に不愉快な思いをさせないという配慮でもあるのではないでしょうか。というのも、ファーストクラスのお客様は、驚くほど周囲の人に対する心配りに長《た》けているのです。

機内で脱いだコートやジャケットをＣＡに渡す時にも、袖がひっくり返ったまま、押しつけるなどという人は一人もいませんでした。さっと形を整え、静かに手渡します。「よろしくね」と言葉を添えることも忘れません。

気配りも然ることながら、上着を丁寧に扱う姿が印象に残っています。

ジャケットを脱いで手渡すという単純な動作のなかにも、その人の品格が表れるといえそうです。

習慣2

物の扱い方ひとつにも品格が表れると思おう

本物を知っている人のオシャレとは

《サイズの合わないスーパーブランドのジャケットより、ロープライスであってもジャストサイズのジャケットのほうがカッコイイ》

雑誌のコラムで読んだファッション評論家の言葉に、私は深く納得していました。その言葉が

《身だしなみの基本は相手に不快な印象を与えないことである》

という鉄則を意味していたからです。このことを私はファーストクラスのお客様から学びました。

ファーストクラスに乗る方の装いは、ジャケットのサイズがピタリと体に合っている、清潔感がある、色やデザインが華美ではないということが共通しています。オー

ソドックスなスーツであっても、上質な生地や仕立てにこだわるといった具合に、**身だしなみを熟知したうえで、さりげないオシャレに徹している**のが特徴的でした。

お預かりする時には、どうしてもジャケットのタグが目に入るものですが、その経験の限りでいえば、最も多いのは銀座英國屋、そしてドミニクフランス。キートン、ブリオーニ、エルメネジルゼニアと続きます。

「背広」という言葉の語源ともいわれるロンドンのサヴィル・ロウストリートに立ち並ぶオーダーメイドのお店のジャケットやスーツも目立ちました。

ある時、お客様のジャケットを受け取った私は、あまりの手触りのよさに思わず「素晴らしい生地ですね」と伝えてしまったのですが、その方はニッコリ微笑むだけでした。

ファーストクラスのお客様は、**自慢につながるような話をしない**ということも特徴です。

ところが先輩によれば、その方はオシャレな人として雑誌に取り上げられることもあるということでした。のちに私も偶然に目にした雑誌でお見かけしたのですが、そのインタビュー記事によれば、「服をオーダーする店は決めている」「ジャケットやスーツを作るためだけにロンドンへ行くこともある」とのことでした。

その方に限らず、ファーストクラスのお客様は、ワイシャツやネクタイも、上質なものをさりげなく着こなすという点で、どなたも共通しています。

いいものを知り尽くし、経験を積んだ人がたどり着くのはシンプルな装い。選び抜かれたオーソドックスな服は、その人の品位を感じさせます。

習慣3 ブランドよりも、自分の体格を知り、体に合う服を着よう

手荷物は鞄一つでスマートに

ビジネスクラスやエコノミークラスには、空港の免税店でたくさんの買い物をして搭乗する人が珍しくありません。また単独の男性であっても、ノート型パソコンや資料などを詰め込んだキャリーバッグを持ち込む方が目立ちます。

もちろん、そのこと自体に問題はないのですが、足元に置いている人が多く、それが悩みの種でした。

なかには「恐れ入りますが、飛行機が離陸するまでのあいだ、お荷物は上の棚、もしくは前の座席の下に入れていただけますでしょうか」と伝えるＣＡの言葉を聞こえないフリをしたり、「どんな問題があるのか説明してくれ」などとおっしゃる人がいるからです。

いずれにしても、多くのお客様にご案内をするため、どうしてもガヤガヤとした機内が静まるまでに一定の時間がかかります。

ところがファーストクラスでは、この離陸までのザワザワとした気配が一切存在しません。

これは人数の問題だけではなく、お客様の手荷物の少なさによるところが大きいと思います。**ファーストクラスに乗る方はビジネスバッグ一つでというケースがほとんど**。なかには機内で読む本だけを小脇に抱えて搭乗する人などもいて、一様に身軽なのです。

語るのはモノにまつわるストーリー

鞄についてですが、ビジネスクラスで頻繁に見かける「ひと目でブランド物だとわかるバッグ」を、ファーストクラスでは、ほとんど目にしたことがありません。

ブランド物であったとしても、多くの場合は一見ブランド物だとわからないような黒革の無地の鞄。もしくはご自身の使い勝手に合わせてオーダーメイドした鞄であることが多いようです。

鞄のなかもきちんと整理されているのでしょう。何かを取り出すために、ゴソゴソとひっくり返して探す人など一人もいませんでした。

しかも、ビジネスクラスで「素敵な鞄ですね」とお声がけをすると、「これは○○万円したんだ」といった反応をする人も少なくありません。でも、ファーストクラスのお客様は「恥ずかしながら妻からのプレゼントで……」「亡くなった父から譲り受けた物で……」と、鞄にまつわるストーリーを語ってくださり、**値段やブランドよりもそこに込められた思いを大切にされている**と感じました。

ファーストクラスに乗る人は、持ち物も振る舞いもスマートなのです。

習慣4

「手荷物は必要最小限」がスマートの条件

綺麗な靴には成功の神様が宿っている

ＣＡの訓練では教官から「**靴は心の鏡。毎日きれいに磨きなさい**」と教育を受けます。「靴を見ただけで、その人の仕事に対する向き合い方がわかります」「靴を磨けない人は自己管理のできない人、そんな人に仕事を任せられるでしょうか？」と。

恥ずかしながら「靴がそんなに大事なのかしら？」と考えていた私は、機内でお客様の靴に注目していました。すると、理不尽なクレームを言うお客様の靴は必ずと言っていいほど汚れていたのです。

これは興味深いと思い、今度は綺麗な靴を履いているお客様を探して、その方のステータスを確認してみたところ、医師、弁護士、議員、会社役員など、一般的に地位が高いといわれる職業に就いている人がほとんどでした。

この話を会社役員を夫に持つ友人にしたところ、彼女も「夫がケガをしませんように。仕事がうまくいきますように」と祈りを込めて、ご主人の靴を磨いているのだと話してくれました。

靴は自己管理能力のバロメーター

さらにファーストクラスを担当するようになり、私は「靴の綺麗な人は仕事のできる人」という教官の言葉が真実であることを確信しました。

ファーストクラスに乗る人の履いている靴の美しさといったら……。ファーストクラスラウンジで靴磨きを依頼される方も多いと聞きますが、そもそも靴そのものが上質なのです。

よく見かけるブランドとしては、JOHN LOBB、EDWARD GREEN、Church's、J.M.WESTON、Berlutiなどが挙げられますが、ピカピカに磨かれた高級な革靴は見ているだけでほれぼれとしてしまいます。

専門店でシューフィッターに任せて靴選びをするという方もいれば、木型を作るところから始めるオーダーメイドにこだわる方もいるようですが、それもそのはずで、どんなに素敵な靴も足にフィットしていなければ意味がありません。

サイズの合わない靴ではたちまち靴擦れができてしまいます。そうなれば歩く姿勢が悪くなり、ひいては健康を損ねることにもなりかねません。靴磨きのみならず、**靴そのものが自己管理能力のバロメーター**なのです。

合成皮革の靴は通気性が悪く、足の臭いの原因になるともいいます。そのためかどうか定かではありませんが、エコノミークラスでは時折、「周囲の人から苦情が出るほどの悪臭を放つ足の臭い問題」が巻き起こり、どうしたものかと頭を抱えてしまったことがありました。

一流人は恥部をさらさない

あるいはＣＡが通路を歩いている時に靴を拾う「どなたの靴ですか事件」なども ファーストクラスではありえないことです。

どの方も備えられたスリッパに履き替える時には、脱いだ靴をきちんとそろえ、通路を行きかう人の目に入らない場所へと置きます。

靴のなかは湿気により雑菌が繁殖しやすいもの。汗で中敷きが黒ずんでしまうこともあります。**一流の人は、自分の恥部を他人にさらすことを良しとしません**。脱ぎっぱなしは、マナー違反にあたる恥ずべき行為であることを心得ているのでしょう。

スムーズに履き、さっそうと歩き始める

靴の履き方にも違いがあります。

他のクラスでは、靴に足を滑り込ませてから、指で踵《かかと》部分を持ち上げたり、床につま先をトントンとたたきつけて靴を履く方をよく見かけました。なかには、足がむくんだことを理由に靴の踵を踏んだまま歩き始める人もいましたが、これもまたファーストクラスでは目にすることのない光景です。

ファーストクラスに乗る方は、**必ず靴ベラを使います**。大切な靴を傷めないようにするためでもありますが、それ以前にドタバタする見苦しさを避けるという目的があるのではないでしょうか。

実際、ピカピカに磨かれた靴をスムーズに履き、さっそうと歩き始める姿というのは、傍で見ていても大変に気持ちのいいものです。

靴にこだわりのある人は仕事のできる人だと教官から教わった通り、**一流の人は細部まで手を抜きません**。綺麗な靴には成功の神様が宿っているといわれるのは、そのためなのではないかと思います。

習慣5

自己管理能力の向上は靴を磨くことから始まる

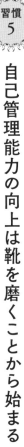

お気に入りのペンを上着の内ポケットに忍ばせる

ご存じの方も多いと思いますが、便により、最初の食事のあとに入国カードが配られます。

この時にビジネスクラスやエコノミークラスでは「ペンを貸してほしい」というリクエストが殺到し、しかも貸し出したペンが戻ってこないことも少なくありませんでした。

それはともかく、私は初めてファーストクラスの担当をした時に、「ペンを貸してほしい」というお客様からのニーズを想定し、迅速に対応ができるよう準備していたのです。

ところがその気持ちは空回りに終わってしまいました。

その後もファーストクラスでペンの貸し出しをリクエストされたことは一度もありません。

ジャケットをお預かりする際に、ポケットにある貴重品を手元に置いていただくようお願いするのが習わしですが、みなさん、お財布やパスポートと一緒にペンを取り出し、座席に置いていました。


このことからもわかるように、**ペンはファーストクラスに乗る方の必須アイテム**なのです。何か良いアイデアが浮かんだ時や、人と話をしていて大切だと思うことがあった時に、その場でメモをとる。そのために自分のお気に入りのペンを持ち歩いているのです。

よく見かけるブランドとしては、モンブラン、カルティエ、パーカー、アウロラ、カランダッシュなど。ご自分の名前やイニシャルを入れている人も珍しくありませんでした。

愛用の理由は、単に手になじむというだけではなく、大切な人からプレゼントされたから、記念に購入したものだからと多岐に渡ります。

なかには験を担いでいる人も多いようです。「このペンで契約をすると物事がうまく運ぶものだから手放せない」といった類の話も、幾人もの方からうかがいました。

習慣 6

自分の相棒になるようなペンを必ず持ち歩く

TPOで時計を使い分ける

ビジネスクラスでサービスを担当していて、こんな経験をしたことがあります。あるお客様にコーヒーをリクエストされたので、お届けしたところ、カップを受け取る腕にしていたフランク・ミュラーの素敵な時計が目に入りました。

こちらの視線に気づいたのでしょう。「僕、時計が好きでね」という言葉で幕を開けた時計コレクションの話が、その後、30分も続きました。

お話の上手な人で楽しかったのですが、他の仕事との兼ね合いもあり、見かねた先輩のCAが「ちょっと手伝ってもらっていいですか?」と私を呼び出すことで話は終わりました。

実はビジネスクラスには、こうしたコレクションの話をする人が、かなりの頻度で乗っています。ファーストクラスに乗る人には、ご自身の持ち物の話を自らする人はいませんでした。

社用でファーストクラスを利用するビジネスパーソンは、黒い革ベルトのシンプルな時計をしていることが多かったです。

ブランパンやパテック・フィリップ、SEIKOの時計をしている人も少なくありませんでした。当然、プライベートでは他にもお持ちで、**TPOに応じて時計を使い分けている**のだと思います。

悪目立ちで得することなどない

車にたとえて考えてみても、(業種にもよりますが) 外車に乗って商談に行くより、国産車で行ったほうが信頼されるといったことがあるのではないでしょうか。

一流の人は、ビジネスの場面で悪目立ちをして得なことなど一つもない、むしろ**控えめであるほうが得策**だと熟知しているのです。

そもそも本当のお金持ちというのは目立たないようにしているもの。代々続く資産家の家で育った人ほど、質素で控えめな人が多いのではないかと思います。本当に自信のある人は、ことさら、時計などの持ち物をひけらかす必要がないということなのかもしれません。

上品な発想は心の余裕から生まれる。これは私がファーストクラスのお客様を通じて学び、強く心に刻まれている教訓の一つです。

習慣7

時計ひとつにも、ＴＰＯを意識する

お金は長財布に向きをそろえて

私の知る限り、**ファーストクラスに乗る人の多くは長財布**を使っています。黒革のシンプルなものであることがほとんどです。

定期的に新調するのか、扱いが丁寧なのか、おそらく後者だと思いますが、とにかく、どの方のお財布も綺麗で、ボロボロであったり、ヨレヨレであったりするお財布は見たことがありません。

機内販売で友人へのお土産にと、ブラックカードでネックレスを購入されたお客様のお財布には不要なものが一切入っていませんでした。片側には数枚のカード、もう片側にはお札。それだけです。

あまりにも綺麗なお財布だったので、「きちんと整理されているのですね」とお声がけをしたところ、「**お金は自分の居心地が良いと、仲間を連れてきてくれるからね**」とおっしゃっていました。ちなみにその方のお財布はダンヒルのものでした。

これはファーストクラスに乗る人に共通していることですが、レシートはレシート専用のウォレット、小銭は小銭用の財布に分けています。こうした小物も黒革のシンプルなものに統一されていることが多いです。

現金でお支払いになる人の場合には、新札であることが多いように思います。**お札の向きをそろえてあるのはお約束**。そのためファーストクラスのお客様は、支払いをする際にもスマートであることが特徴です。

エコノミークラスでは、お支払いに時間のかかる人が少なくありません。レシートや小銭でパンパンになったお財布を取り出し、カードで支払うか現金にするかと迷い、どのカードを使うかと迷い、お目当てのカードを取り出したつもりがポイントカードであったり、病院の診察券であったりといった具合。

ビジネスクラスの人のお財布の特徴としては、鞄と同様にブランド物であること。そしてカードが、これでもかというくらいズラリと並んでいること。お財布やお金を大切に扱っている人は多く見受けられるのですが、ヘビ革やゴールドの財布で縁起を担いでいる人も目立ちます。

習慣 8

お金が「居心地がよい」と思うように財布のなかを整理しよう

一流の男性はメガネが違う

メガネは顔の一部です。これはメガネ会社のコマーシャルのワンフレーズですが、メガネ選びはとても大切。メガネによって顔の印象は、まったく違ってきます。

当事者としては度数が合っているかどうかが大切なのですが、第三者としては**サイズが合っているか**、**レンズが汚れていないか**といったことが気になります。

いかに高級なメガネであっても、ズレていたり、レンズが曇っていたりしては台無しです。そればかりか、この方はだらしのない暮らしをしているのではないか、部屋は汚れているのだろうと、メガネからその方の生活ぶりを連想してしまいます。つまりメガネにこだわりのない人というのは、ガサツな印象を与えてしまうのです。

その点、ファーストクラスのお客様はパーフェクト。ご自分に似合ったメガネをよくご存じです。

さらに、ビジネスの場面では、**ファッション性の高いものより、顔の一部として違和のないものが適しているる**と考えているのでしょう。ファーストクラスに乗るビジネスパーソンは、どなたもシンプルなメガネをかけているのが特徴です。

メニューを見る時などには、バッグから老眼鏡を取り出す人も多いのですが、他のクラスでは、顔からメニューを遠ざけ、焦点を合わせようと目を細めている方をよく見かけました。残念ながら、お世辞にもカッコイイ姿とはいえません。

ここは「すっかり老眼になっちゃってね」などと言いながら、サッと取り出したメガネをかけるほうが優雅です。

ファーストクラスでよく見るブランドとしては、アイメトリクス、ローデンストック、エアー・チタニウム、カザール、フォーナインなど。フルオーダーで作られる方が多いようです。

習慣9

「顔の一部」であるメガネはファッション性で選ばない

ファーストクラスに歯槽膿漏の人はいない

ファーストクラスに乗る人は、**年齢にかかわらず姿勢がいい**と、これはファーストクラスを担当するＣＡなら誰もが感じていることでしょう。どの人も背筋がピンと伸びていて、歩く時にも歩幅が広く、はつらつと、そして堂々としています。

このことについては、常に他人から見られているのだという自覚、自信の表れなど、さまざまな分析をすることができますが、私には**常に自分を律している**ように感じられます。

類は友を呼ぶといいますが、背中を丸め、うつむき加減でいては、一流のビジネスパーソン達からはじかれてしまいかねません。周囲の人達に負けないオーラを放っためには、まず姿勢を正すことが大切なのではないでしょうか。

ファーストクラスに乗る人は、**座っている時にも姿勢の良さを保っています**。シートに浅く腰かけて足を投げ出している人などいません。

ビジネスクラスでは「隣の人が貧乏ゆすりをしている」というクレームを受けることがありますが、ファーストクラスでは皆無です。

ファーストクラスには〝臭い〟がない？

貧乏ゆすりに限らず、周囲の人に迷惑をかけるのはマナー違反ですが、意外と多いのが歯槽膿漏。

機内では、それこそ他の方の迷惑にならないよう声のトーンを落として話すため、ＣＡはお客様に近づき、耳をそばだてる必要があります。その時に相手の方が歯槽膿漏だったら……。

ところがファーストクラスでは、お客様の口臭に悩むことはありませんでした。歯の汚れた人もいませんでした。**国際的に活躍するビジネスパーソンにとって清潔な口元を保つことは必須条件**だといえそうです。

臭いといえば、ファーストクラスのお客様から加齢臭を感じたこともありません。だからといって、日本人のお客様は強い香水をつけているわけでもないのです。つけていたとしてもほんの少し、ほのかに香る程度に、を心がけている人が多いように思います。

仕事のできる人はセルフプロデュース力に長けているのですね。

習慣10

「臭いは自分で気づかないことがある」と意識に置こう

実践レッスン1

これだけは押さえておきたい、スマートに見えるテーブルマナー

「グラスのふち」に、その人のマナー指数が見える！

食事の仕方にはその人の品格が顕著に表れます。同時にテーブルマナーを守ることは周囲の人に対する思いやりであることを忘れてはいけないのです。テーブルマナーというと、フォークやナイフを正しく使い、音を立てずに食べることだと考えてしまいがちですが、それだけではありません。ここではファーストクラスに乗る人が実践しているグラスの扱い方、ナプキンの使い方について学んでいきましょう。

習慣 11

正しいナプキンの使い方

まずはテーブルマナーの基本であるナプキンの使い方です。半分に折り畳むまではいいとして、輪になる部分は手前と奥、どちらに向けて置くべきでしょうか。正解は、輪が手前。口元を拭くときは折った内側を使いましょう。こうすれば他の人に汚れが見えませんし、自分の服も汚れません。

習慣 12

グラスを汚してしまったら…

「一流」を感じさせるマナーの一つが、グラスのふちを汚さない配慮。グラスのふちには料理の油や口紅などがどうしてもついてしまうもの。これを、親指でそっとぬぐうだけでとてもスマートに見えます。ぬぐった指は、膝のナプキンで拭きましょう。ふちが汚れるたびに行います。

指を軽くスライドさせて拭くとよい

習慣 13

意外とできていない箸の扱い

1

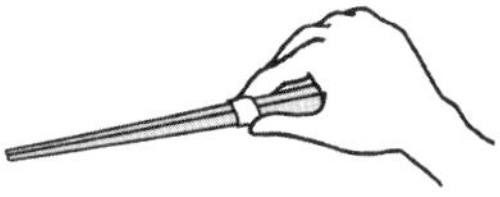

まず右手で箸を持ち上げます。

2

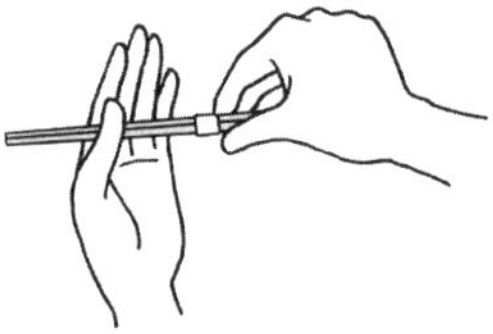

左手を添え、右手を右方向にすべらせて、箸の下側に返します。

3

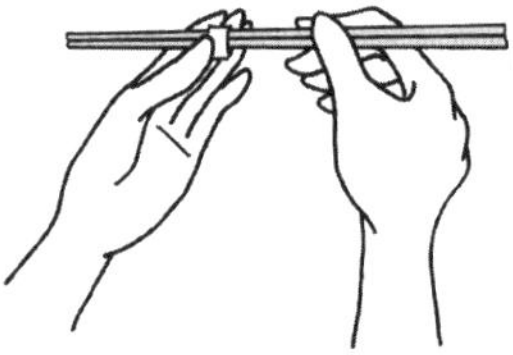

左手で巻き紙を持ち、すべらせてはずします（破るのは NG）。

4

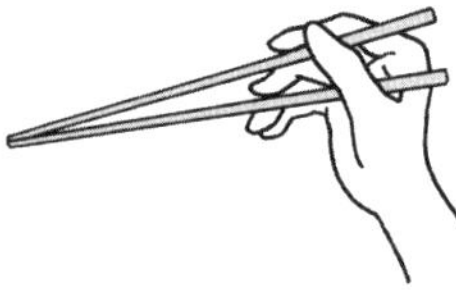

はずした巻き紙はテーブルに置き、箸を右手で持ちます。

習慣 14

注意

実は多い、箸やカトラリーの〝振り回し〟

食事中の話に夢中になって、自分では気づかないうちにカトラリー（フォーク、ナイフ）やお箸を振り回し、身振り手振り……。マナー違反とわかっていても、意外と、これをやってしまう方が多い印象です。さらに最悪なのは、手に持ったもので相手やモノを指すこと。「マナーを知らない人」との烙印を押されてしまいますから気をつけましょう。

第３章

ファーストクラスに乗る人の会話術

「ありがとう」の一言で人生が変わる

ＣＡは搭乗口で「おはようございます」「こんにちは」とお客様をお迎えします。他のクラスでは何の反応もしない人が一番多く、反応をしたとしても会釈か、小さな声で「どうも」という程度です。ところがファーストクラスのお客様が無言で通り過ぎてしまうことはありませんでした。

必ずこちらの目を見て「**おはよう**」「**よろしくね**」とおっしゃいます。この「こちらの目を見て」というのがポイントで、それができるのは自信のある人だけ。

さらにはっきりとした口調で「おはよう」「よろしくね」と告げるのは余裕の現れだといえるでしょう。

ファーストクラスのお客様は、相手に威圧感を与えることなく、威厳を示すことができるのです。

逆にいえば、他のクラスの方にありがちな、こちらのあいさつに無反応だったり、目を見ずにボソボソと応える人に対しては、失礼ながら「この方は自信がないのだな」「こういう場に慣れていないのだな」と感じてしまいます。

「ありがとう」の力は大きい

ビジネスクラスやエコノミークラスでは、食事のサービスをしたり、リクエストに応えてお茶をお届けしたりする場合、顔も上げずに、テーブルを用意してお茶を置くCAの姿をただ眺めてうなずくだけであったり、アゴで「ここに置いておいて」と示す人などもいます。

かたや、ファーストクラスのお客様はたとえ読書中であっても、映画の途中であっても、手を止めて、こちらの目を見ながら「ありがとう」と言ってくださるのが常でした。

きちんと感謝の言葉を伝えてくだされば、当然うれしいですし、もっとお役に立てることはないだろうかとモチベーションがアップします。

「ありがとう」という言葉の力は、想像以上に大きいのです。

「すみません」は謝罪の言葉

「欲求五段階説」を主張したことで広く知られるアメリカの心理学者アブハム・マズローは、こんなふうに説いています。

生理的欲求、安全欲求、社会的欲求といった、外的に満たされたいという低次の欲求の上に、他者から認められたいと願う「承認欲求」や、自分の能力を引き出し、創造的活動をしたいと願う「自己実現欲求」といった内的に満たされたいという高次の欲求が存在する――。

「ありがとう」は、まさに相手の承認欲求を満たし、自己実現欲求をくすぐる言葉です。

他のクラスでは「ありがとう」の代わりに「すみません！」「どうも」という言葉を頻繁に耳にしましたが、「すみません」は謝罪の言葉、「どうも」はもともと「非常にありがたく思う」の「非常に」にあたる言葉で、感謝の気持ちを表す言葉ではありません。

私の周囲には、コーヒーショップやレストランで、連れの男性が店員さんに「ありがとう」と伝える様子が決め手となり、交際を始めたという女性もいます。

「ありがとう」は**人生を変えるほどの力を持つ深い言葉**なのです。

習慣15

「すみません」ではなく「ありがとう」と言おう

キャッチボールで弾む会話

ファーストクラスのお客様との会話は格別に楽しいものです。

相手がファーストクラスに乗るような一流人だから高揚するのでは？　という声が聞こえてきそうですが、そうではありません。

ＣＡにとっては、ファーストクラスであっても、ビジネスクラスであっても、エコノミークラスであっても、お客様との出会いはそのほとんどが一期一会。その時を切り取って楽しいと感じる気持ちに、相手の肩書や資産家であるかどうかなどは関係ありません。

ではどうしてファーストクラスのお客様との会話を格別に楽しいと感じるのでしょうか？

それは**言葉のキャッチボールが上手**だからなのです。

もちろんすべての人が、というわけではありませんが、ビジネスクラスでのお客様との会話においては、こちらが聞き役に徹することを求められることが多いのです。相づちを打つだけでは不愛想な印象を与えてしまうのではないかと考え、自分の意見を伝えることもあります。

けれど、それに対して「というかね」「でもね」などと切り返され、全否定されてしまうことが少なくありませんでした。これでは話が弾みません。

また、「○○ということなのですね」と、こちらとしては理解したことを示すつもりで返した言葉に対して、「だからさっきも言ったでしょう。人の話、聞いてないんじゃないの？」などととがめられてしまうこともありました。これには萎縮してしまいます。つまり一方通行の会話でしかないということです。

会話では相手も尊重する

言葉のキャッチボールとは、具体的にいえば、一つ自分の意見を伝えたら、次は相手に意見を求めるということ。**自分の話をするだけではなく、相手に関心を示す**ということです。

ファーストクラスのお客様は、こちらの意見に違和感を抱いたとしても、否定したりはしません。「そういう考え方もあるね。でも僕はこう思うんだな」と続けます。するとこちらは尊重されていることを感じ、素直に傾聴することができるのです。

結果として勉強をさせていただいたという感謝の念を抱きます。

習慣16

会話には「相手」がいることを肝に銘じよう

相手のテンションを高める会話術

　これはビジネスクラスのお客様に見られる行為なのですが、搭乗し、座席に座るや否や、ＣＡを呼んで「僕は今日、和食が食べたいからキープしておいて」などと切り出す人がいます。

　リクエストには極力応じたいと思ってはいても、そのような人に限って一番忙しい時に話しかけてくるなど、さまざま場面で空気の読めない性質をあらわにします。一人のＣＡが「困ったお客様がいる」とこぼすと、それがどなたなのかを聞く前に他のＣＡが「○○番にお座りの方でしょう？」と言い当てることも少なくありません。

　そうした人の特徴として、主語を「自分」にして話をすることが挙げられます。

「僕のかかわった仕事が成功して、会社の業績がアップしてね」

「僕は月に一度はパリに行くんだけど、いつもビジネスなんだ」

「僕は年間150回は飛行機に乗っていてね。忙しくて参っちゃうんだよ」

といった具合。

もちろんCAは「すごいですね〜」「素晴らしいですね〜」「ご立派ですね〜」と笑顔で応えます。すごいことであるのは事実なのですが、でも、それだけに残念だなと思うのです。

達人の鉄則は自分3割、相手7割

その点、ファーストクラスのお客様は、**空気を読み、相手に対する気遣いを決して怠りません**。その上、とても**聞き上手**なのです。

たとえば同じように、自分が月に一度パリへ行くという話をする場合にも、

「あなたの担当路線はどこなの?」

「主にパリとホーチミンです」

「そうなんだ。パリには月に何回くらい行っているの?」

「多い時で月に2回、通常は1回程度です。お客様はよくパリにいらっしゃるのです

か？」

「僕？　僕は月に1回くらいだけど、そうか、月に2回は大変だね。現地ではどのくらい滞在できるの？」

「2泊です」

「2泊か。現地ではどんなことをして過ごすの？」

「その時にもよりますが、買い物をしたり、美術館へ行ったり、近場で観光をしたりします」

「食事はどうしているの？」

「食事は……」

と、気がつけばこちらばかり話をしているということが多いのです。

ものの本によれば、**会話の達人は「話す3割、聞く7割」が鉄則と心得ている**のだとか。ファーストクラスのお客様は、自分のことを話すのが3割、相手に対する質問と答えを聞くことに7割を費やしており、まさに会話の達人の鉄則が当てはまります。

しゃべり過ぎには不名誉なレッテルが

基本的に**自分の話ばかりをする人は敬遠されてしまいがち**です。合コンなどでも自分の話だけをする男性はモテません。

面白いオチが用意されているのなら話は別ですが、「僕って意外と寂しがりなんだよね」「僕はこう見えて几帳面なんだ」といった自己分析を聞かされても困ってしまいます。

たった2時間のあいだに、たまたま隣に座った男性の家族構成や生い立ち、学歴や年収、趣味や将来の夢まで聞かされたという知人の女性は「私のことより、自分のことが好きみたい」と苦笑していました。

男性に限らず、自分のことだけを語り続ける人は、「この人は自己顕示欲が強い」「この人は自己中心的だ」といった不名誉なレッテルを貼られてしまうのです。

老若男女にかかわらず、人は誰しも自分に関心を寄せてもらいたいという気持ちを抱いているもの。

たとえば「どうしたの？　なんだか元気がないんじゃない？」と声をかけられると、思わず心を開いて打ち明けてしまうといったことがありますが、これは「私はあなたのことをいつも見ているよ」というメッセージを感じ取るからだと思います。

冒頭の「僕は今日、和食が食べたいからキープしておいて」にしても、ファーストクラスのお客様なら、絶妙なタイミングで「もし都合がつけばでいいのだけれど、和食をキープしておいてくれるかな」とおっしゃるでしょう。

他のクラスでも、こんなふうに気遣いのあるリクエストの仕方をしてくださる方に対しては、「喜んで！」という気持ちになります。

習慣17

話す時は3：7の鉄則を守ろう

人の心を動かす言葉

ある日のビジネスクラスでの出来事です。

飛行機の出発時間が大幅に遅れ、私達ＣＡはお客様からの「乗継便に間に合わなかったらどうしてくれるんだ」「到着後に大事な商談があるのに、遅れてダメになったらどう責任をとってくれるんだ」といったクレームの対応に追われました。

いつになく厳しい口調でお叱りを受け、私は「申し訳ございません！」と謝るだけで何もできない自分が情けなくて、悔しくて、やりきれない気分だったことを覚えています。

そのような状態のなか、一人のお客様が「さっきは大変だったね。君達が悪いんじゃないのにね。頑張って」と声をかけてくださったのです。その言葉にどんなに救われたことか。

そんなふうに言葉をかけていただいたことで、ついさっきまで落ち込んでいたことが嘘のように、「よし、頑張ろう！　今できることを精一杯にやろう」と前向きな気持ちを取り戻すことができました。

その後、必死で何とかしようとしている気持ちが伝わったのか、先ほどまでクレームを言っていたお客様からも「さっきはごめんね。君のせいじゃないことはわかっていたんだけど、つい焦ってしまってね」とねぎらいの言葉をかけていただきました。するとこちらのやる気はさらに高まり、その時、私は**人の心を動かす言葉が存在することに気づいたのです。**

「これでいい」と「これがいい」

人の心を動かす言葉といえば、もう一つ忘れられない出来事があります。

ビジネスクラスでチョコレートのリクエストをされた時のことです。幾種類かのチョコレートをトレイに乗せてお持ちし、「どれになさいますか？」と尋ねたところ、その方はなかの一つを指さして「これでいい」とおっしゃいました。

それからほどなくしたころ、今度はファーストクラスでチョコレートのリクエストを受けました。同じようにトレイに乗せて運び「どれになさいますか？」とうかがうと、その方は「これがいい」とおっしゃったのです。

何気なく言った言葉であったとしても、**「これでいい」と「これがいい」では、まったく意味合いが違ってきます**。前者は「本当に望んでいるものではないけれど」といったニュアンスですが、後者は「望み通りだ」という気持ちが伝わってきます。

仕事を任せる時に、「君でいい」と言う上司と「君がいい」と言う上司のどちらが部下のやる気を引き出すことができるのか。答えは明白ですね。

習慣 18 ふとした一言にも、心を動かす力があると考えよう

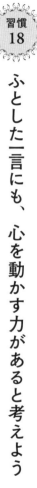

ファーストクラスの乗客に学ぶ「クッション言葉」の使い方

ファーストクラスに乗る人の話し方の特徴として「クッション言葉」の使い方が上手だということが挙げられます。

「クッション言葉」とはその名の通り、人に頼みごとをする時や、言いづらいことを伝える時に、**受け手の印象を和らげるクッションの役目を果たす言葉**のことです。

ここではファーストクラスに乗る人が、どのようにクッション言葉を使っているのか、具体例をご紹介します。

●相手が知っている可能性があることを伝える時

「（すでに）**ご存じかもしれないけれど、**ニューヨークには5thアベニューショコラティエという有名な生チョコの店があってね……」

↓「（すでに）ご存じかもしれないけれど」を使わないと、「そんなことは知っているのに」と思われる可能性がある。

●相手が気づいている可能性があることを伝える時

「**（すでに）気づいているかもしれないけれど、**機内の温度が少し高くはないかな？」

↓「（すでに）気づいているかもしれないけれど」を使わないと、「今、温度を下げたのに」「気づいているのに」と思われる可能性がある。

●意見を言う時

「**他の方もおっしゃっているかもしれないけれど**、以前のほうがワインの種類が豊富だったよね」

↓「他の方もおっしゃっているかもしれないけれど」を使うことで表現が柔らかくなる。

●間違いを指摘する時

「間違えていたら申し訳ないのだけれど、さっき機内アナウンスで到着地を成田と言っていなかった？」

↓「間違えていたら申し訳ないのだけれど」を使うことにより、相手に恥をかかせないという効果がある。また自分の考えや意見に自信のない時にも使える。

●確認をする時

「勘違いだったら悪いのだけれど、僕は白ワインを頼んだよね？」

↓「勘違いだったら悪いのだけれど」を使うことにより、相手に恥をかかせないという効果がある。また自分の考えや意見に自信のない時にも使える。

●依頼をする時

「時間がある時でいいんだけれど、コーヒーをもらえるかな」

↓「「時間がある時でいいんだけれど」を使うことで、忙しいであろう相手への配慮が伝わる。他に「手がすいている時に」「忙しい時に申し訳ないんだけれど」「面倒なことを言って悪いんだけれど」「お手数をかけますが」。

●質問をする時

「知っていたら教えてほしいんだけれど、今三十歳くらいの女性のあいだで流行っているお化粧品はある？」

↓「知っていたら教えてほしいんだけれど」を使うと、相手が知らない場合にも恥をかかせないという効果がある。

●答えづらい質問をする時

「差し支えのない程度（範囲）でいいんだけれど、ＣＡさんが現地で何をしているのか教えてもらえる？」

↓「差し支えのない程度（範囲）でいいんだけれど」を使わないと、「失礼だな」と思われる可能性がある。答えづらい内容だとわかった上で質問していることが相手に伝わるため、聞かれたほうが安心して答えることができるという効果もある。

●申し出を断る時

「せっかくなんだけれど、今はいいです」

↓「せっかくなんだけれど」を使うと、好意であることはわかっていることが相手に伝わる。他に「気持ちはうれしいんだけど」「なかなか気が利いているね。でも今は……」。

●反対の意見を伝える時

「**そういう考え方もあるかもしれないね**。でも僕はこう思うんだ」

↓「そういう考え方もあるかもしれないね」を使うことで、相手を尊重している気持ちが伝わり、表現が柔らかくなる。他に「そういうこともあるかもしれないね。でも……」「あなたの言っていることもわかるけど……」「確かにそれも一理ある。ただ……」。

●クレームを言う時

「**あなたなら理解できると思うけれど**、何の連絡もなく一時間も待たされたらどんな気持ちがすると思う?」

↓「あなたなら理解できると思うけれど」を使うことで、相手を尊重している気持ちが伝わり、表現が柔らかくなる。他に「細かいことを言うようだけれど」「あなたのためを思って言うのだけれど」「あなたのせいでないことはわかっているのだけれど」。

いかがでしょうか。同じことを伝えるにしても、「クッション言葉」があるとないでは、受け手の印象がまったく違ってきます。

伝えたいことをきちんと伝えながらも相手に不快感を与えない。そして円滑なコミュニケーションを通して物事をスムーズに運ぶことができるのです。

もう一つ、語尾を「～**してもらえるかな？**」といった具合に依頼形にすると柔らかい表現になります。

ちなみにこれはＣＡに共通する見解ですが、何かを頼まれた際に「時間がある時でいいのだけれど、○○をお願いできませんか？」と言われると、真っ先にそのお客様の希望をかなえて差し上げたくなります。

習慣19

ひとつのクッション言葉が物事を円滑にする

相手にわかりやすい言葉で話す

あなたは物事を説明することが得意ですか？

何かを説明した時に、「それで？」「何のこと？」「結局？」と言われた覚えのある人は要注意かもしれません。

「それで？」「何のこと？」「結局？」と言われてしまうのは、主語があいまいなまま話をしているか、オチがない証拠です。

主語や結論がわからないまま話を聞いていると、何の話なのか、また話し手がどんなゴールに向けて話をしているのかを推測しながら聞く必要があるので、会話に集中することができず、お互いにとって不毛な時間を過ごすことになりかねません。

機内では、無意識に難しいカタカナ言葉や業界用語を使う人を大勢お見かけしました。

飛行機にはさまざまな業種の人が乗っています。長時間のフライトの際には、お仕事の話をうかがう機会もたくさんありましたが、その内容によっては、何のことをお話しされているのか、理解できないことも。

可能な限り「それはどういうものなのですか？」とうかがってみたものの、最後までよくわからなかったこともありました。

大事なのは「伝える」こと

自分の知識不足を棚に上げて言うのも何ですが、ファーストクラスのお客様は**実にシンプルでわかりやすい話し方**をします。難しい言葉やわかりづらい言い回しをせず、私の知識レベルに合わせた言葉を使ってくださるため、何が言いたいのか、何を求めているのかがストレートに伝わってくるのです。

また相手の心のなかの「？」のサインを見逃さず、さらにかみ砕いてお話しをして

ください ます。そして最後に「僕の話、わかりづらくない？」と確認することも忘れません。

話すのではなく、伝えることを意識する。これは人とのコミュニケーションをとる上で欠かせないことだと思います。

習慣
20

話すことより、伝えることを意識しよう

失敗をした時に言い訳をしない

とっさに言い訳をしてしまうことが誰にでもあると思います。待ち合わせに遅れ、開口一番、「渋滞に巻き込まれちゃって〜」などと切り出したり、今度会った時に渡すと約束していたものを家に忘れてきて「寝不足なものだから。ついぼんやりしちゃって」などと、相手の情に訴えたり……。

言い訳をして許される関係であれば問題はありませんが、**ビジネスの場面での遅刻や忘れ物などの失態は、信頼を失いかねません**。言い訳などしても、問題は解決しないばかりか、かえって相手を怒らせてしまうのではないでしょうか。

最初に謝罪の一言が……

たとえば、それはこんな具合です。

《エコノミークラスのお客様はビジネスクラスの化粧室をご利用になれません》と書かれた札があるのにもかかわらず、利用なさろうとしたエコノミークラスのお客様がいたので、お声がけをしたところ、

「わかりづらいんだよ、この表示」

と言う。

周知のように、着陸態勢に入る折にはシートベルトの着用をお願いしていますが、なかなかシートベルトをなさらない方に対して、個別にお願いにあがったところ、

「今やろうと思ってたんだよ」

と言う。

お食事中に化粧室に向かおうと立ち上がった際、服が隣の方のトレイにひっかかり、隣の方のお食事がひっくり返ってしまった時に、

「わわわっ！　こんなつもりじゃなかったんだよ」

と言う。

せめて言い訳をする前に謝罪の一言があれば、随分と印象が違うように思うのですが……。

言い訳は生き方にも現れる

ある時、機内でワインをこぼしてしまったあるお客様は、布巾を持って慌てて駆けつけた私に、こうおっしゃいました。

「飛行機が揺れるもんだから」

同じように、機内でワインをこぼしてしまった別のお客様は、布巾を持って慌てて駆けつけた私にこうおっしゃいました。

「申し訳ない！　注意力散漫。いやいや我ながら情けない」

後者に対しては、「あやまらないでください。失敗は誰にでもあります」と優しい気持ちで接することができました。

たとえ悪気はなくても、**思わず飛び出す言葉のなかには、その人の本性が現れます。**

ファーストクラスのお客様から自分本位な言葉や、ましてや言い訳は聞いたことがありません。それは常日頃から自分に言い訳をしない生き方をしているからなのではないでしょうか。

習慣21　自分に言い訳をしない習慣を身につける

過去よりも未来を語る

イチロー選手がメジャー通算２０００本安打を達成した時、たまたまテレビのインタビューを見ていた私は、「２００１本目に向かってコンディションを整えています」というコメントに思わず感動してしまいました。この人は、すでに未来に向けて踏み出しているのだと。

私も趣味でマラソンをしているのですが、いい記録が出ると胸がいっぱいになってしまいます。この達成感にいつまでも酔いしれていたいなどと考えてしまい、なかなか次のレースのことまで考えられません。

やはり一流のアスリートは違うなと思ったわけですが、**ファーストクラスに乗る一流のビジネスパーソンも、常に未来を見据えている**という点においてイチロー選手と共通しています。

語る時は未来への展望を

お客様のなかには、素晴らしい経歴をお持ちの方が少なくありません。そうした情報は、ご本人ではなく、周囲の方から伝え聞くのが常ですが、その日も、機内で出会った医師が、大きなマラソン大会で優勝した人であることをお連れ様からうかがいました。

マラソンと聞いてうれしくなってしまった私は、さっそく、その方の元へ出向き、「○○大会で優勝なさったそうですね。すごいです！」とお声がけしました。すると、「それはもう過去の話です。今は○○大会に向けてトレーニングに励んでいます」とおっしゃったのです。

また、大きな賞を受賞された著名な方に対して「このたびは、おめでとうございます」とお声がけをしたり、ヒット商品が話題となっている会社の方に「ご好調で何よりですね」とお伝えすることがありますが、そうした方は一様に、

「ありがとうございます。でもこれからが勝負ですね」

「皆様の期待にお応えできるよう頑張らなくていけませんね」

と、**未来に向けての展望を語られます**。

それだけに他のクラスで、

「以前は僕もビジネスにしか乗らなかったんだけどね……」

「親父が生きてる頃はファーストクラスだったんだけどねぇ」

といった前向きではない話を耳にするたび、私は少々残念に思いました。

どんなに素晴らしい功績を残したとしても、それに甘んじることなく未来に向けて動き出す。一流のビジネスパーソンといわれる人は、その姿勢を備えていたからこそ今の立場を築くことができたのだと思います。

習慣 22

何かを達成したら、すぐに次の目標に向かおう

実践レッスン2

姿勢がよくなる立ち方、座り方

相手に好印象を与え、自分に自信もつく！

背筋の伸びた人ははつらつと、そして堂々として見えます。逆に猫背でうつむき加減でいる人は自信のない暗い人だという印象を与えてしまいます。そればかりか健康にもよくありません。また、だらしのない座り方をしている人は、自分は何事にもルーズでデリカシーに欠けた人間だと公言しているようなもの。人生が順調だから背筋が伸びるのではなく、背筋が伸びているから運をつかむことができるのだと心得えることが大切です。

習慣23

美しく立った姿勢

少しのコツで、簡単に美しい姿勢を身につける方法をお教えしましょう。まず、立って背筋をまっすぐに伸ばします（この時、見えないピアノ線に頭を引っ張られているように意識します）。踵をつけて、つま先はこぶし一つ分くらいあけます。丹田（おへその下）に力を入れ、あごを軽く引きます。できれば姿見の前でやってみてください。いかがですか？

男性はズボン横の縫い目に中指を合わせます
女性は、手は指先を伸ばし前で軽く重ねます

猫背に見える場合は、左右の肩甲骨を２ミリずつ引き寄せるイメージで。胸筋が開きます。

習慣24

美しく座った姿勢

美しい姿勢は、座っていてもキープしましょう。男性も女性も、背中と背もたれの間を、こぶし一つ分あけるのが基本的な座り方。こうしておくと立ち上がる時もスムーズですし、もたれかかって全体が崩れることもありません。

左右の肩の高さは同じですか?

男性は足を肩幅に開き、手は軽く握ってももの上に。女性は膝をつけ、手は指先を伸ばして組みます。

座る時は、足を半歩後ろにずらして座り、着席したら足をそろえます。背筋は伸ばしたままをキープしましょう。

背もたれに体を預けないように注意

習慣25

きれいな立ち上がり方

立ち上がる時は、足を後ろに半歩ずらして立ち上がります。こうすることで、体を前屈みにして勢いをつける必要がなく、ましてや「よいしょ」といったかけ声をかけなくなります。背筋は常に伸ばしたままで!

立ち上がったら、再び美しい姿勢を意識する

第４章

ファーストクラスに乗る人の人間力

「オリジナルF」の人はここが違う

ファーストクラスには「オリジナルF」と呼ばれるファーストクラスの常連客の他、ビジネスクラスからアップグレードした方が乗っています。もちろん大切なお客様であることに変わりはありませんし、サービスも一切変わりませんが、チケットを確認するまでもなく、お客様の言動から「この方はオリジナルFではないな」と判別できてしまうのです。特にファーストクラス初体験の人ははっきりとわかります。

オリジナルFのお客様は、搭乗後、ジャケットを預けたあと、慣れた様子でリラシングウェアに着替えて、ウェルカムシャンパンを片手にラウンジで読んでいた本の続きを楽しんでいることが多いのですが、ファーストクラス初体験の人の場合には、きょろきょろとして、どこか落ち着きがありません。

またオリジナルFのお客様は、あらかじめラウンジでお食事を済ませていたり、到

ファーストクラスの乗客のためだけに用意されるリラクシングウェア。持ち帰りもOK。

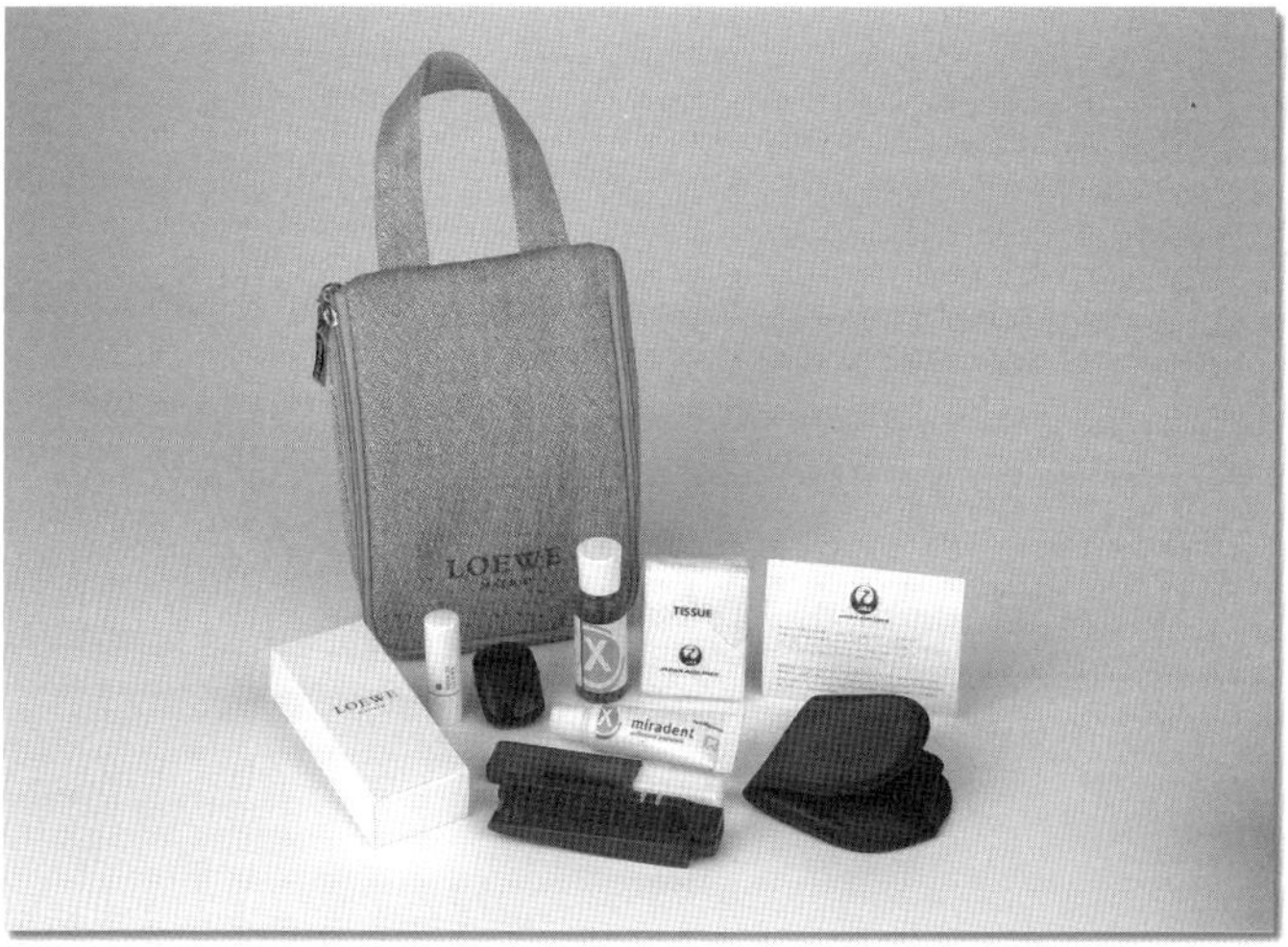

コスメティックキットはスペインのブランド『ロエベ』とのコラボレーション。

着後すぐに会食を控えているといった理由から、機内食には手をつけず、召し上がったとしても香の物と日本酒だけであったり、キャビア丼にお茶だけであったりします。

一方、ファーストクラス初体験の方は、フルコースにラーメン、カレーを召し上がる人、メニューにあるお酒をすべて試してみたいとおっしゃる人などもいます。

オリジナルFのお客様は、どんなに話が盛り上がっても、一定の時間が過ぎると「楽しかったよ。仕事の邪魔をしてごめんね」と**ご自身から話を打ち切る**のも特徴です。

その後は速やかにお休みになりますが、ファーストクラス初体験の人はお休みになるのが比較的遅いように思います。

やはりファーストクラスのお客様のなかでも、オリジナルFのお客様の品格は格別なのです。とはいえオリジナルFの人にもファーストクラス初体験の時があったはずで、スマートな振る舞いは経験を重ねて備えた習慣なのではないでしょうか。

習慣26

経験の積み重ねが品を形作る。努力を惜しまない。

威厳のある人の伝え方

感じのいい人というと、お話上手な人を連想してしまいがちですが、実はファーストクラスのお客様のなかには、口数が少なく、あまり表情を変えない人もいました。だからといってオドオドとする様子はなく、むしろ凛《りん》としています。

他のクラスではお見かけしない、いわばファーストクラスに乗る人特有の雰囲気を放つ人に出会うたびに、「この方は何者なのだろう？」と想像を膨らませていたものでした。

隙がなく話しかけづらいといった雰囲気を醸し出している人や、怒ったら怖そうだなと感じる人もいますが、そうしたお客様を一言で表現するとすれば「**威厳のある人**」ということになります。

「威厳のある人」といえども、長いフライトをご一緒するなかで次第に打ち解けていくことになるのですが、威厳のある人の「ありがとう」という言葉には、重みを感じます。

たとえば新聞をお勧めしても、お食事の説明をしようとしても「結構です」とおっしゃるだけで、基本的に自分には構わないでほしいというオーラを放っていたお客様が、咳き込んでいらしたのでお水をお持ちした時に、ニッコリとほほ笑んでくださったりすれば、それはもう感動的で、一瞬にして、その方のファンになってしまいます。

無口でも表情で気持ちを伝えてくださる人は、とても魅力的です。

習慣 27

口ベタならば、表情で気持ちを伝えよう

忠告する時もユーモアを交えて

ある人がツイッターで「孫正義さんは、最近、前髪が後退しているのが気になります」とつぶやいたのに対し、孫さんが「いいえ、前髪が後退しているのではなく、私が前進しているのですよ」と返したそうです。

この話を知人から聞いた私は「なんておもしろい発想なのだろう」と思いました。普通なら怒るところですが、**パッと受け止め、ユーモア力で返す聡明さ**が素敵です。

ファーストクラスにも、ユーモアをもって接してくださる人が大勢いました。

私が新人の頃のことです。機内では、お客様からお預かりしたジャケットやコートは座席番号の記されたハンガーにかけておくことになっています。

ところが、その日は、どうやら番号を間違えて保管してしまっていたらしく、私はそのお客様のものではない女性もののコートを渡してしまいました。

「これは違うよ」とお叱りを受けても仕方がない場面でしたが、その方はニコリと笑いながら、

「このコートはあちらのご婦人のほうが似合うんじゃないかな。僕が着たらオネエになっちゃう」

と、ユーモアを交えて間違いを指摘してくださいました。

それ以来、私は番号だけに頼らず、ジャケットやコートとお客様を見比べてから手渡すようになりました。


別の日のことでした。お食事の事前予約のできなかったお客様からステーキのリクエストを受けました。ところがその日は満席で、すでにステーキがなくなっていました。

そこで「大変申し訳ございません。あいにくステーキは、すべてなくなってしまいました」とお伝えすると、その方は、

「それはよかった。ダイエット中なのに、つい欲望に勝てなくてね」

と、笑いながら言ってくださったのです。

スマートな方だったので、ダイエットは嘘だったのではないかと思うのですが、いずれにしても、ウィットに富んだお客様の一言で私は救われました。

同時に申し訳ないことをしたという気持ちがそれまで以上にわいてきて、何とかフォローする手立てはないだろうかと考えを巡らせたことを覚えています。

ユーモアという人間関係の潤滑油を巧みに使う一流の人は、忠告する時もおおらかで魅力的です。

習慣28

場を和ませられるユーモア精神を持とう

相手の長所を見つけて褒める

あなたは、上司や同僚の長所と短所を考えた時、どちらの項目がよりたくさん浮かびますか？

そういわれて改めて考えてみると、意外に長所も浮かぶかもしれませんが、一緒に仕事をしていると、どうしても短所に目が行きがちなのではないでしょうか。ましてや、その上司や同僚の長所を褒めているという自覚がある人は少ないのではないかと思います。

その点、ファーストクラスに乗るお客様の多くは「人を褒める達人」です。短い時間のなかで、**こちらが恥ずかしくなるほど、いいところを見つけて伝えてくださる**のです。お客様にとって失礼に当たることや、不都合なことをしてしまった時でさえ、「その笑顔に免じて許してあげる」「明るさから誠意が伝わってきたので、もういいよ」

と言っていただくことがありました。
私だけではなく、CAはみんなそれぞれに、担当するお客様から「よく気が利くね」「話が上手だね」「あなたは親切な人だなぁ」と褒めていただき、「もっと頑張ろう」という気持ちにつなげていたのです。

それで思い出すのが日本の誇るファッションデザイナーです。その女性は機内食を召し上がる時に必ず、私達CAに伝わるような、とびきりおいしそうな表情を浮かべてくださるので、うれしくて、何か他にもして差し上げることはできないかと、サービス精神がウズウズするのを感じました。

何よりも、**自分にかかわるすべての人や物に対して、感謝の気持ちを表すことのできる**彼女は、正真正銘の一流人なのだと思います。

習慣29

否定するより褒め上手を目指そう

ファーストクラスに乗る人の〝懐力〟

ある時、こんなことがありました。

食事のサービスしている最中に、私が担当していたお客様から「毛利さんは左利き？」と聞かれたのです。

不思議なことをおっしゃるなと思いつつも「いいえ。右利きでございます」とお答えし、質問の意図は何だろう？　と考えながら、お客様の様子を見ていたところ、その方は黙ってフォークとナイフの位置を置き換えているではありませんか。

そうです。私は右と左を間違えてセッティングしてしまっていたのですね。

「大変失礼いたしました！」と慌ててお詫びしたのは言うまでもなく当然のことです

が、それにしても**質問を投げかけて気づかせようとする**とは、粋な計らいだなと敬服しました。
その方が「気がついた？　僕はフォークが左にあるほうが食べやすいんだよね」と笑いながらおっしゃっていたのも印象的です。

また、ある大企業の社長が乗っていらした時のこと。
あるＣＡが社長の奥様のスカートにワインをこぼしてしまい、あまりの失態に動揺する姿を見て、「僕なんて、家のあちこちにこぼしては、いつも叱られているんだよ」と一言。たちまちその場の雰囲気を和ませてくださいました。

相手が失敗をした時のユーモアのある一言は、人と人の距離を一気に縮める力を持っています。ＣＡの側からすると、何か失敗をしてしまった時、懐深く、ユーモアを持って対応してくださると、当然のことながら二度とご迷惑をおかけしないよう細心の注意をはらうと共に、そのお客様に喜んでいただけるよう最善を尽くしたいと思います。

相手の失敗に対して怒りを表わすのではなく、ユーモアで返せる人間力がある方には、多くの人が喜んでついていくのではないでしょうか。

習慣30

相手が失敗した時こそ懐深く対応できるようになろう

人の心をつかむ
アイコンタクトの威力

「目は口ほどにものを言う」「目は心の鏡」という言葉があるように、**目は人の感情を顕著に表します**。

相手の目を見ながら話すことによって、自分の言っていることが相手に伝わっているのかを確認したり、相手の希望に添えているのかどうかを判断したり、時には嘘を見極める手助けにもなります。

欧米人はアイコンタクトが上手です。某アメリカ系有名飲料メーカーの会長御一行様がファーストクラスに搭乗された際に担当させていただきましたが、私がサービスをするたびに、みなさん必ず手を止めて、アイコンタクトをしながら「Ｔｈａｎｋ you」と言ってくださいました。

時代劇を観ていると、殿様から「面《おもて》を上げい」と言われるまで、家臣はずっと下を向いていますが、日本では昔から、特に貴人に対しては、目を見て話してはいけないという文化があったようです。

その習慣が刷り込まれているからでしょうか。どうも日本人はアイコンタクトが苦手な人が多いように感じますが、日本人のなかにも、人の心をつかんで離さないアイコンタクトの達人はいます。

たとえば日本人なら誰でも知っているある大物女性歌手は、こちらの目をじっと見つめて話をされる方でした。目が合うと笑顔でアイコンタクトしてくださいます。あまりの感じのよさに、たちまちファンになってしまったほどです。

アイコンタクトをしたあとに目をそらすことを「目切り」と言いますが、その方はリクエストに応えてコーヒーをお届けした際にも、「ありがとう」とにこやかにおっしゃったあと、こちらが恥ずかしくなるほど目切りまでの時間が長く、非常に丁寧な印象を受けました。

アイコンタクトの大切なポイントは二つあります。一つは目を合わせた時の時間の長さです。相手の目を見て心のなかで1、2、3と数えます。もう一つは「目切り」で、目を合わせたあと、目線をそらす時の「速さ」と「角度」が重要です。ゆっくりと心のなかで1、2と数えながら、目線を相手の耳の辺りまでズラすことで目線を外していき、目線を外し終わってから、その場を立ち去ります。

こうすることで、より丁寧で上質なアイコンタクトができるようになるでしょう。

丁寧さを表す「目↓物↓目」の技術

CAは、お客様に何かをお届けする折には、心を込めて丁寧にお渡しすることを心がけ、そのことを表す術《すべ》として、**お客様の目↓お届けした物↓お客様の目の順に「目配り」をする**よう訓練されます。

この「目配り」にもアイコンタクトと同様にポイントがあります。

資料など物の受け渡しをする際に、恥ずかしがらずに**渡す相手の目を見ます**。長さは心のなかで1、2、と数える程度です。これは、今から渡します、という合図でもあります。そして確実な受け渡しをするために物を見て、**相手が受け取ったことを確認したら、再度相手の目を見ます。**

二度目に目を合わせた際には「目切り」にも気を配ります。笑顔を添えることも忘れないでくださいね。

アイコンタクトは、時には言葉以上に有効なコミュニケーション術になりますので、ぜひ、日常生活のなかに取り入れてください。

習慣31 有効なコミュニケーション術「アイコンタクト」を体得しよう

自然な笑顔が周囲の人を魅了する

ある時、ファーストクラスで担当した女性のお客様は、ハッとするほど華やかでした。とはいえ黒いシンプルなワンピースをお召しになり、アクセサリーは耳元のピアスだけ。派手なメイクをしているわけでもなく、ヘアスタイルもショートカットですっきりとされていました。

上等な物を身につけていることは明らかでしたが、その方を華やかに見せていたのは満面の笑顔だったのです。お話をするたびに、もったいないほどの素敵な笑顔で接してくださったので、「素敵な笑顔ですね」とお伝えしたところ、

「人生は一回しかないのだから、不満気な顔や不機嫌な顔をしていたらもったいないでしょう？」

とおっしゃり、ニコッと微笑んでくださいました。

明るく自然な笑顔に触れると、その笑顔につられ、こちらも思わず笑顔になります。
幸せのおすそ分けをしていただいたようで、何かいいことが起こりそうなワクワクした気持ちになります。

その方に限らず、ファーストクラスには輝くような笑顔のお客様が大勢いました。私は、そうした方にお会いするたびに、家族のあいだでも、会社のなかでも笑顔が飛び交っている様子を想像し、心が温かくなるのを感じていました。そして、笑顔を忘れないようにしようと心に誓っていたのです。

「笑う門には福来る」といいます。近頃、あまりいいことがないなと感じている人は、自分から始まる笑顔の連鎖を作ってみてはいかがでしょうか。

習慣32 どんなときも笑顔を忘れないでいよう

相手によって態度を変えない

ファーストクラスには芸能人も数多く搭乗します。人気の高いタレントさんが搭乗する飛行機には、ファンが大挙して同じ便に乗ることも珍しくありません。

そうした方々が、お目当てのタレントさんをひと目見ようと、他のクラスから訪ねてくることがあるのですが、ファーストクラスに他のクラスの方が立ち入ることはできません。

入り口には、《この先はファーストクラスです。立ち入りはご遠慮ください》と書かれた札が出ています。それを見なかったことにして突入しようとする人に対して、ＣＡは「いかがなさいましたか？」とお声がけをして、行く手を阻むよう指導されているのです。

ファンの人達も必死ですが、私達もそれ以上に必死で阻止します。ファーストクラスをご利用になるお客様のプライバシーを守ることは、ファーストクラスを担当するＣＡの使命なのですから。

とはいえ、今だから言えることですが、乗客リストに芸能人の名前があると、ついつい楽しみにしてしまいます。好きなタレントさんであればなおのこと、心が弾みます。

そんなわけで、私も新米の頃にはワクワクしていたのですが、そんな私とは裏腹に、ファーストクラスでお会いする方は、どなたも実に自然体でした。

そうした経験を重ねるうちに、こちらも浮足立ったりせず、サービスに集中しなければ失礼なのだと考えるに至りました。

気づきを与えてくれた大物俳優

自分の立ち居振る舞いが間違っていることに気づかせてくださった方として、心に残っているのが、日本でも数多くの映画やドラマに出演し、今では米国でも活躍されている大物俳優です。

その方は爽やかな笑顔と共に、「こんにちは！」と一人で現れました。その華やかなオーラには驚きましたが、偉そうにすることも、気取ることもなく、自然体で過ごされていたのが印象的でした。

食事をお持ちする時や、用事がある時などにも気さくに声をかけていただき、そのおかげで、こちらもいい意味で緊張がほぐれ、サービスに集中することができました。

改めて考えてみると、フランクな言動は、こちらの緊張を察した上でのその方の気遣いであり、その方の言動から、私は「普通に接してほしい」というメッセージを感じ取りました。

立場や経歴で人を見ない

その方に限らず、ファーストクラスのお客様には、私達ＣＡに対して、居丈高な物言いや態度で接する方はいませんでした。おそらく、**どのような人に対しても相手の**

立場や職業、肩書で接し方を変えることはないのでしょう。

これは一見簡単なようで、誰にでもできることではないと思います。「コンプレックスのある人は他者を差別する」と聞いたことがあるのですが、それは真実だと感じました。

習慣33
相手によって態度を変えていないか、いつもセルフチェックを

習慣 34

実践レッスン3

瞬時に人を虜にする笑顔の磨き方

同時に気持ちも込めることで、“伝わる笑顔”を体得！

あなたは笑顔に自信がありますか？　ポジティブなエネルギーを発する人のことを「あの人は花のようだ」と形容しますが、華やかな人はそれだけで人の心をつかむことができるのです。あいさつをするにしても、会話をするにしても、言葉に笑顔が添えられなければ相手の心を揺さぶることができません。コミュニケーションに欠かすことのできない素敵な笑顔を目指し、スマイルラインを意識して過ごしましょう！

STEP1

口角を上げる

普段、表情を変えないポーカーフェイスの人は、顔の筋肉が硬くなっているため、笑顔を作ろうとしても、最初は引きつって見えてしまう可能性があります。まずは口角を上げる練習をして、顔の筋肉をほぐしていきましょう。

少しオーバーに上げるほうが効果的

STEP2

上の歯を6本以上見せる

見せるのは上の歯だけです(下の歯は自然に見える程度に)。割り箸などをくわえると、感覚がつかみやすいと思います。虫歯や黄ばみなど、「人に見られたくない……」という人は、自信をもって笑うためにもこの機会に治療しましょう。

下の歯の見せすぎは「笑顔」になりません

STEP3

目だけで笑う

口だけで笑うと、どうしても作り笑いに見えてしまいます。よく「目が笑ってない」なんて言いますよね。そうならないために、目にも感情を込められるように練習しましょう。マスクや紙などで口を覆い隠し、目尻を下げます。

顔の筋肉ほぐしにも役立ちます

STEP4

心から笑う

どんなに「笑顔」を作ったとしても、気持ちがこもっていなければ、相手にはそれがバレてしまうものです。「あなたに会えてうれしい」「ありがとう」「一緒にいると楽しい」など、ポジティブな感情を持ちながら、心から笑いましょう。

感情がのると笑顔はさらに素敵に

習慣35

朝晩の洗顔、お手洗いに行ったとき……。1日最低3回は、鏡の前で笑顔のチェックを！

声と話し方でも印象はかなり変わる！

声と話し方には、感情がのりやすく、発声によって受ける（与える）印象もまるで違います。ですから自在に使えるようになれば、大きな武器を手に入れたともいえますね。ポイントは大きく4つです。①お腹から声を出す。複式呼吸で話すと説得力が増します。②ケースバイケースで声色を変える。③耳に心地よい「ソ」の音で話す。④重要な言葉はゆっくりと、半音上げてなど抑揚をつける。少しの意識がコミュニケーション力を上げてくれますよ。

第５章

ファーストクラスに乗る人の時間の使い方

いかなる時も時間厳守

時に飛行機は、予定の時間より遅れて出発することがあります。

他の便が遅れた影響、天候や機材調整など、さまざまな要因が考えられますが、お客様の搭乗待ちもその一つ。

搭乗手続きをし、貨物室に荷物を預けているのにもかかわらず、ご本人が乗っていないという場合に限りますが、そのような場合は万が一のテロの可能性を疑い、そのお客様の搭乗を待ちます。荷物が積んであるのに本人が搭乗していないとなると、その荷物が爆発物である可能性が否めないからです。いずれにしても、どの段階で出発するのかという判断は、機長に委ねられます。

ある日のニューヨーク便もお客様の搭乗待ちで、離陸時間を1時間遅らせての出発となりました。当時、私は新米でエコノミークラスの担当をしていたのですが、まだ出発しないのかというお客様のいら立ちが痛いほど伝わってきて、ハラハラしたのを覚えています。

ドリンクやおしぼり、スナックなどをお配りして何とか時間を稼いでいましたが、一人のお客様が「一体どうなってるの？」と声を荒げておっしゃったのを皮切りに、あちらこちらから「いつまで待たせるんだ！」「何をしているんだ！」という声が上がり始めたのです。

「間に合った」と思っているのは本人だけ

もはや限界、と思ったその時でした。二人連れの若い女性がドタバタと搭乗して来たのは。見れば、二人とも免税店の大きな袋を下げています。誰の目にも、搭乗時間も忘れて買い物に夢中になっていたことは明らかで……。

周囲の方々の冷ややかな視線といったら、機内が凍りついてしまうのではないかと思うほどでした。

このように、他のクラスのお客様のなかにはギリギリで乗ってくる人もいます。座席についてからもゼーゼーと肩で息をなさっていたり、汗をかきながらフーフー言っている様子を何度もお見かけしました。

それに対して、ファーストクラスのお客様は、**必ず余裕を持ってご搭乗されます**。「間に合ってよかった!」などと言いながら飛び込んで来られる方も、息も絶え絶えという状態で座席につかれる方も見たことがありません。

遅刻するのはいつも同じ人

日常生活においても、遅刻魔と呼ばれる人がいます。仲間同士の集いに「ごめんごめ〜ん」と遅れてくる。職場でも遅刻の常習犯。私の認識では時間を守らないのはいつも同じ人です。

ところが仲間内では楽しい席に険悪な空気が流れることを避けたいという意識が働くためか、誰も忠告しません。許されているのでなくあきれられているのだということとに当人は気づいていないようです。そもそも、そうしたことに敏感な人は、初めから遅刻はしないのではないかと思います。

遊びの席ならまだしも、これが職場となると上司から厳しくとがめられることになるでしょう。遅刻魔であるというレッテルを貼られたら最後、汚名返上には時間がかかります。

さらに最悪なのは取引先の方との待ち合わせ時間に遅れること。遅刻をする人に悪気はない。とはいえ、待たされたほうは「何かあったのだろうか？」「自分が日時を間違えたのだろうか？」と気をもみ、そうではなかったとわかるといら立ちを覚えます。

ひいては「相手にとって自分が大切な存在なら約束時間に遅れて来たりするだろうか？」「時間も守れない人と契約を交わして大丈夫だろうか？」と思われてしまい、礼儀を知らない人、信頼のできない人だという烙《らく》印を押されてしまうわけです。

時は金なりといいますが、**遅刻は待っている相手の貴重な財産を奪っているような**

ものです。

いずれにしても遅れた人は、「申し訳ございません！」と相手に謝ることから始まります。マイナスからのスタートでは、勝てるはずの勝負に勝てなくなってしまいます。ファーストクラスに乗る一流の人がチャンスをフイにすることはありません。言い換えれば、**数々のチャンスをものにしてきたからこそ、ファーストクラスに乗っているる**のだといえるでしょう。

習慣 36

遅刻は自分のチャンスを捨てる行為と思おう

ファーストクラスに乗る人の機内での過ごし方

お客様の機内での過ごし方も、クラスによって異なります。

エコノミークラスでは手持ちぶさたで機内を歩き回っている人や、映画のチャンネルをコロコロ変えて観ていたり、ゲームを楽しんでいる方が目立ちます。

ビジネスクラスでは、大勢の人がパソコンを使ってお仕事をされています。

出張時は、行きの便では現地に着いてから必要な書類や資料などの最後の仕上げを機内で行ったり、帰りの便では報告書をまとめるという人も多いようです。なかには一睡もなさらずに作業をしている方もいらっしゃいます。

こうした様子を見るにつけ、常々、一体いつお休みになっているのだろう？　と思っていました。

今の私には、寝る間を惜しんでパソコンで仕事をしないと、という気持ちが少しだけわかるようになり、その大変さも少し身近に感じます。

一方で、ファーストクラスではパソコンで仕事をしている方はいません。

それもそのはずで、ファーストクラスに乗っているのは、現役のビジネスパーソンだとしても会長、社長、役員クラスの方。地位のある方が仕事の資料を作るということはないということでしょう。

では**何をして過ごしているのかといえば読書**です。

「飛行機では読みたかった小説を読むのが楽しみでね」とおっしゃる方や、何冊もお持ち込みになる方も珍しくありませんでした。

流行りの実用書よりは、むしろ古典、歴史小説や推理小説、またゴルフや将棋など、趣味に関する本を読んでいる方が多かったように記憶しています。

習慣37

移動時間も計画的に使おう

ファーストクラスに乗る人は、機内でこんな本を読んでいる

タイトル	著者	出版社
六祖壇経	中川孝	タチバナ教養文庫
老子 訳注 ー帛書「老子道徳経」	小池一郎	勉誠出版
孫子	浅野裕一	講談社学術文庫
論語	金谷治（訳注）	岩波文庫
言志四録	佐藤一斎（著）／ 岬龍一郎（翻訳）	PHP 研究所
貞観政要	呉兢（著）／守屋洋（翻訳）	ちくま学芸文庫
新釈 菜根譚	守屋洋	PHP 文庫
葉隠入門	三島由紀夫	新潮文庫
君主論	ニッコロ・マキアヴェッリ	岩波文庫
ガリア戦記	カエサル	岩波文庫、講談社学術文庫など
五輪書	宮本武蔵	岩波文庫、講談社学術文庫など
新訳　南洲翁遺訓	松浦光修（編・訳）	PHP 研究所
氷川清話	勝海舟	講談社学術文庫、角川文庫ソフィア
動物農場	ジョージ・オーウェル	角川文庫、ちくま文庫など
アンドロイドは 電気羊の夢をみるか?	フィリップ・K・ディック	ハヤカワ文庫 SF
ソクラテスの弁明・クリトン	プラトン	岩波文庫、講談社学術文庫
道は開ける	D・カーネギー	角川文庫、創元社など
名将言語録	岡谷繁実	講談社学術文庫
武士道	新渡戸稲造	PHP 文庫、岩波文庫など
竜馬がゆく	司馬遼太郎	文春文庫
真田太平記	池波正太郎	新潮文庫
唐詩選	李攀竜	岩波文庫
重耳	宮城谷昌光	講談社文庫
三国志	吉川英治	吉川英治歴史時代文庫（講談社）
ローマ人の物語	塩野七生	新潮文庫
プロテスタンティズムの 倫理と資本主義の精神	マックス・ヴェーバー	岩波文庫
風姿花伝	世阿弥	岩波文庫、角川ソフィアなど
戦争と平和	トルストイ	新潮文庫、岩波文庫
罪と罰	ドストエフスキー	新潮文庫、岩波文庫など
ローマ帝国衰亡史	ギボン	ちくま学芸文庫、岩波文庫
小説 十八史略	陳舜臣	講談社文庫
鉄道員（ぽっぽや）	浅田次郎	集英社文庫、講談社文庫
白夜行	東野圭吾	集英社文庫

どんなに小さな約束でも必ず守る

奥様が元ＣＡだというスポーツ選手やタレントさんなどの著名人はたくさんいます。人から紹介されて交際を始めたというケースもあると思いますが、機内で知り合い、交際に発展したということも少なくありません。

基本的に、お客様から連絡先を聞かれた場合、ＣＡは自己責任を前提にお伝えしてもよいということになっています。

「お伝えしてもよい」というより、「お伝えすることが禁じられてはいない」といったほうがいいかもしれませんが。

かくいう私も、ファーストクラスのお客様との話が弾み、「それなら一度、会いましょう」と言っていただいたことから連絡先をお知らせしたことがあります。

このことは他のCAも言っていますが、ファーストクラスのお客様は**決して約束を破りません**。連絡をすると約束をしたら、必ず連絡をくださるのです。しかも非常にスピーディーに。「自分の知り合いを紹介するよ」というような場合にも、あっという間にセッティングしてくださいます。

ファーストクラスで出会った方から初めて連絡を頂戴した時は本当に驚きました。「本当にご連絡をくださるとは思っていませんでした」とお伝えしたところ、その方は、「仕事の約束であろうと、プライベートな友人との約束であろうと、歯医者の予約であろうと、**一度約束したことは必ず守ります**」

と言っていました。

あなたは「今度飲みに行こうね」と口にしたまま実現していなかったり、年賀状に毎年「今年こそは会いましょう」などと書き続けていませんか？

一度口にした約束は、相手が誰であろうと、その大小にかかわらず必ず守る。これもまた人が一流になるための必須条件だといえそうです。

習慣38

一度口にした約束は必ず守る

ファーストクラスに乗る人は即断即決

ビジネスクラスやエコノミークラスのお客様のなかには、食事やドリンクの注文をする際に時間のかかる人がいます。

そうした時には、しばらく様子を見て、お勧めをお伝えし、それでもまだ決まりそうもないと判断した場合には、「お決まりの頃になりましたら、またおうかがいします」と言って一度下がります。

また、最初は和食をオーダーなさったのに、「やっぱり洋食にして」と変更なさる人も目立ちました。

一番困ったのは、散々迷った挙句に「どちらでもいい」「何でもいい」とおっしゃる人。そうした場合、ご希望のお客様に行き渡るように残りの数が多いほうを用意し、

「よろしければお召し上がりください」とお伝えしていましたが、それが正しかったのかどうかはわかりません。

一度決めたらブレない

一つ前の項目で、ファーストクラスのお客様は約束を必ず守るとお話ししました。それは逆に言うと、**できない約束は絶対にしない**ということなのです。

できないと判断すれば、その場で「悪いけれど、それはできない。なぜならば……」と伝え、いたずらに引き延ばして相手に期待を持たせるようなことはしません。

どんな時もそうです。「コーヒーはいかがですか?」とお声がけをした場合にも、「ありがとう。でも今は結構」とはっきりと伝えてくださいます。

そんなことは当たり前じゃないかと思われる方がいるかもしれませんが、前述したように、他のクラスにはあいまいなお返事をなさる方が多いのです。

ファーストクラスのお客様は即断即決。そして、一度決めたことにはブレがありません。

最近になって私は、経営学者ピーター・F・ドラッカーがその著書『企業とは何か』のなかで《真のリーダーとは、目標を定め、優先順位を決め、基準を定め、それを維持する者のことだ》と説いているのを読んで思わずうれしくなりました。ドラッカーさん、あなたのおっしゃる通りです！　と、共感せずにはいられません。

習慣39

決める時は即断即決を心がけよう

「教えてくれない？」は学びの早道

ファーストクラスでは、お客様から「ちょっと教えてくれないかな」と声をかけられることが、たびたびありました。

「もし知っていたら教えてほしいんだけど、この料理をプロデュースした人の店はどこにあるの？」

「わかる範囲でかまわないんだけど、このソースには何が入っているの？」

「○歳くらいの秘書のお土産は何がいいと思う？」

「パリの○○ホテルの近くに、一人でふらっと行けるようなお勧めのビストロってある？」

そもそも「知らないから教えてほしい」と言える人は、自分に自信があるから「知らない」と言えるのではないでしょうか。

いずれにしても私は、**《聞くは一時の恥、聞かぬは一生の恥》**という言葉の意味をファーストクラスのお客様に教えていただきました。自分に自信のない人は、とかく知ったかぶりをしてしまいがちですが、**知ったかぶりをすることで知識を得る機会を逃してしまうなんて本末転倒**なのだと。

さらに、その質問がＣＡならば当然知っていなければならないような内容でも、「君達なら知っていて当たり前だろう」という態度は決して見せず、「もし知っていたら……」「わかる範囲で……」と本書のなかでこれまでにお伝えした「**クッション言葉**」を使います。

万が一、こちらが知らなかったとしても恥ずかしい思いをさせないための配慮を忘れない。このやさしさ、心のゆとりもまた素敵です。

習慣40

知ったかぶらず、知らないことは「知らない」と言う勇気を持つ

寸暇を惜しんで好奇心を満たす

ファーストクラスのお客様から「CAの研修というのはどんなものなの？」という質問を受けたことがありました。
「それはどれくらいの期間なの？」「教官は厳しいの？」「叱られて辞めてしまう人もいるの？」「言葉遣いやあいさつにはマニュアルがあるの？」「お化粧や髪型にも規定があるの？」……。

次から次へと質問を投げかけ、「そうなの」「へぇ〜」と絶妙な相づちを打ちながら、こちらの話を引き出してくださる。「相手の話を引き出す技術」に長《た》けた方との会話はリズミカルで、気まずい沈黙が生まれることはありません。**聞き役に徹しながらも、主導権を握っているのはお客様**のほうなのです。

「それは知らなかったなぁ」「なかなか興味深い話だねぇ」という反応は、こちらのサービス精神を刺激します。

また、少し前のめりで、「それで？」とさらに深く尋ねられたり、時折、「えっ？」と驚かれたりすると、私の話を真剣に聞いてくださっているのだとうれしくなってしまいます。何かもっと、その方に有益になるような情報を提供できないだろうか？　と思うわけです。

本当に知りたいことがある人は、途中で余計な感想を述べるなどして相手の話の腰を折ることは決してしません。

もっと知りたい、もっと自分の視野を広げたいという探究心は、非常に情熱的なものです。だからこそ、**好奇心旺盛な人は魅力的**なのでしょう。

旺盛な好奇心は相手も魅了する

思えばファーストクラスには好奇心旺盛なお客様がたくさん乗っていました。

「勉強不足でわからないから教えてもらえないかな？」と前置きをしたあとに、機内の気圧のことや、飛行機の構造、飛行機のデザインと機能性の関係などについて聞かれることが多かったように思います。

みなさん、私のつたない解説に耳を傾けてくださるのですが、目を輝かせて、こちらの話を熱心に聞いてくださる姿はとてもチャーミングです。失礼ながら、私はいつも「なんだかとっても可愛いなぁ」と思っていました。

習慣
41

常に好奇心、探究心を持とう

フライト中は体調管理の時間にあてる

ファーストクラスのお客様にとって、飛行機は単に目的地までの移動手段ではありません。どなたも一様に、**特別な目的にあてるための空間を買っている**のだという認識をお持ちだと思います。

その目的とは健康管理です。

第1章でもお伝えした通り、航空会社は、ファーストクラスのお客様に快適でラグジュアリーな時間を過ごしていただくことに力を注いでいます。

とりわけ機内食は、有名なシェフを起用したり、食材に贅《ぜい》を尽くしたり、ワインも各航空会社が厳選した銘柄を用意するなど、特色を打ち出すことに余念がありません。

ところが残念ながら、機内食の良し悪しは、ファーストクラスのお客様がエアラインを決める上でのプライオリティーとしてはさほど高くないようです。また、機内食の差によってファーストクラスに乗るかビジネスクラスに乗るかを選択なさる方も少ないといえるでしょう。

その証拠に、前述した通り、ファーストクラスのお客様には機内食を召し上がらない人が珍しくないのです。

理由の多くは、現地での過密なスケジュールに備えて体調を万全にしておきたいからというもの。

そうした人のほとんどが、機内食のサービスが始まる前にベッドメイキングのリクエストをします。そのままぐっすりとお休みになり、「こんなに熟睡したのは久しぶりだ」とおっしゃる方も珍しくありません。

現地で最大の力を発揮するために

ＣＡになりたての頃は「眠るためにファーストクラスに乗る人がいるなんて信じが

たい」と思っていた私ですが、やがて、**ビジネスパーソンにとって体調管理は大切な仕事の一つ**なのだと理解できるようになりました。

機内食を召し上がる場合にも、「残して悪いんだけど、胃もたれするといけないので肉は半分にしておいたよ」「最近コレステロールが気になるので、サラダのドレッシングはやめて、塩だけにしておくとしよう」といった具合に、ほとんどの人が**セルフコントロール**しています。

他のクラスでは、アルコールを飲みすぎて体調を崩す方も多いのですが、ファーストクラスのお客様は、ご自身の適量をよくご存じです。羽目を外して飲みすぎた挙句、酔って絡んだり、酔いつぶれたりすることはありません。

お好きなワインや日本酒をゆっくりと召し上がりながら、窓の外を眺めたり、読書をなさっている姿は、優雅でとても素敵です。

また、乾燥した機内では、喉をいためやすく、風邪の感染率も高まるため、マスクをして過ごされる方や、定期的にうがいをなさる方もいらっしゃいます。

現地で存分に力を発揮できるよう、先を見越して体調を整える。一流の人の責任感と自己管理能力には目を見張るものがあります。

習慣
42

先を見越して自身をコントロールできるのが一流の証

第６章

ファーストクラスに乗る人の習慣

ファーストクラスに乗る人が黒い車にこだわる理由

ある時、たまたま手にした銀座のクラブママの書いた本に、《**できる男は、帰りのタクシーの手配を整えてから飲む**》という一文がありました。

午後十時から午前一時までは決められた乗車場所でなければお客様を乗せられないこともあり、夜の銀座でタクシーを捕まえるのは至難の業。それゆえに多くの方が無線タクシーを呼ぶのですが、クラブでの支払いを終えてから「車を頼む」と依頼するのでは、時間にロスが生じてしまう。

というわけで、**先を見越し、計画性をもって行動する**人こそが「できる男」なのだと説いていたのです。

なるほど確かに、と思った次第ですが、そこから私は、ファーストクラスで出会ったお客様の話を思い出していました。

自分が第三者からどう見られているのか

美容会社の社長であるその方は、**黒塗りの車にしか乗らない**。タクシーであっても黒のタクシーにしか乗らないと決めているとのことでした。

その理由についてうかがったところ、

「乗ってしまえば自分には見えないけれど、**外から見られた時の自分を想像した時に**、オレンジやグリーンのタクシーよりも、黒のタクシーのほうが洗練されて見えるからだよ」

と教えてくださいました。

美容会社の社長さんだけに、発想がスタイリッシュなのですと言いたいところなのですが、どうやらこれは一流の人に共通する価値観。

たとえば別荘地である軽井沢のタクシーは黒だけに統一されています。ファーストクラスのお客様にしても、迎車の予約の際に黒い車かどうかの確認をなさる人が多いようです。

会社の顔として、**自分が第三者からどう見られているのか、どう見られるべきなのかを考え**、セルフプロデュースに努める。

やはりファーストクラスにお乗りになるような「できる男」は違います。

習慣43

自分はどう見られているのか、見られるべきなのかを考える

一流の人に学ぶ「真のレディーファースト」とは?

ＪＡＬのＣＡは、グローバルスタンダードに基づき、レディーファーストでサービスを提供するよう教育されています。

ご夫婦で、あるいは女性のビジネスパートナーとご一緒にファーストクラスをご利用になるお客様も多いのですが、そうした場合には、ワインをグラスに注ぐ折にも、まず女性からというものです。

もっともグローバルスタンダードを引き合いに出すまでもなく、ファーストクラスのお客様の多くはレディーファーストを十分にわきまえていらっしゃいます。

元テニスプレイヤーの方が奥様と搭乗された時のことです。その日に担当したＣＡ

が不慣れであったことから、奥様ではなく、ご主人様を優先して「お食事はいかがなさいますか?」とうかがってしまいました。

すると、その方はすかさず奥様に「どうする?」とお尋ねになったのです。ごく自然に奥様が先にオーダーされるように促すその対応は、実にお見事でした。

「素敵」から一転、「残念」へ

その一方で、こんなこともありました。

ある時、ビジネスクラスに乗っていらしたカップルは大変に仲睦まじく、CAのあいだでも「美男美女の理想的なお二人だね」「うらやましいね」と話題にのぼるほど際立っていました。

男性はお顔立ちが整っているだけでなく、言動のすべてが洗練されていて、常にお連れ様を気遣い、声のトーンも相づちもアイコンタクトも申し分なく見えたのですが……。

お連れの女性を大切に思うあまり、周囲が見えなくなってしまったのでしょうか。

他のお客様にサービスをしている最中のＣＡに、「彼女にワインのおかわりをよろしくね」とリクエスト。お手洗いに並ぶ他の女性のお客様を差し置いて、横入りで彼女を誘導。

さらに、食事中に「彼女にプレゼントしたいから機内販売の商品を見せて」とおっしゃるなど、完全に世界が彼女を中心に回っており、ＣＡの認識が、「素敵なカップル」から、たちまち「残念なカップル」へと一転してしまったのでした。

一流の女性もレディーファーストを心得ている

彼女を大切にすることはとても素敵なことですが、公共の場では大前提として周囲の人に迷惑をかけてはならないというルールがあり、全体の流れを読みながら彼女をエスコートすることが求められます。

その点、ファーストクラスのお客様は、お連れ様にだけでなく、**乗り合わせたどの女性に対しても平等にレディーファーストを実践**されていました。

女性達も「ありがとうございます」と笑顔で対応します。「いえいえ」などと照れたり、「大丈夫ですから、お先にどうぞ」などと伝えたりして、**せっかくの男性の好意をフイにしてしまうことはありません。**

なぜならそれが礼儀だからです。**一流の女性は、レディーファーストを受け入れることは、男性に花を持たせることである**と心得ていらっしゃるのでしょう。

習慣44

すべての女性に対してレディーファーストをできる心を持とう

フォローしてくれるパートナーを持つ

人は誰しも万能ではありません。それはファーストクラスに乗る人であっても同じです。

たとえば、ある政治家は非常に気が短く、お食事の際にも「早く持ってきて」「まだなのか」と何かにつけて急ぐ方でした。普通なら苦手意識を抱いてしまうところですが、それがそうでもありませんでした。それはひとえに、奥様の存在のおかげです。
お隣に座っていた奥様がとても穏やかな女性で、「まぁいいじゃないの」「そんなに急いでも仕方がないでしょう」「ごめんなさいね。主人は気が短くて」「ほら、あなた。CAさんが困っているじゃない」と絶妙なフォローをされ、場の空気を和らげる役目を担っていたのです。

また、某上場企業の社長がとてもオシャレな装いでいらしたので、「素敵なお召し物ですね」と声をおかけしたところ、どうやらご自身は服にはまったく興味がなく、スーツ、ワイシャツ、ネクタイから下着や靴下に至るまで、すべてを奥様がコーディネートされているのだということでした。

人は誰しも万能ではありませんと記しました。けれどファーストクラスに乗る人には、苦手なことをフォローしてくれるパートナーが存在していたのです。

奥様以外にも、部下や秘書といった名パートナーがいて、人の顔と名前を覚えるのが苦手であるとか、人前で話すことが得意ではないといった弱点をさりげなくフォローしていました。

自分の弱みを認識し、それを自分で克服するためにはどうしたらよいのだろう？と考える冷静さも立派ですが、私はそれだけではないと思います。

ファーストクラスに乗るような一流の人は、人を引きつける魅力をたくさんお持ちなのでしょう。その結果、自然と「この人の力になりたい」と思う人が集まってくるのではないでしょうか。

習慣45

人は万能ではないことの意味をよく理解しよう

自分でできることは自分でする

その方は国際的に活躍する弁護士さんでした。

食事のオーダーをとるためにお席へ向かった時のこと。「しまった！　老眼鏡をバッグのなかに入れたままだ」とおっしゃったので、「棚からお鞄を下ろしましょうか？」とうかがったところ、「僕のほうが力持ちだから、自分でやります」と言ってくださいました。

忘れられないのは、その後に続く言葉。その方は続けて、

「ホテルでも女性のスタッフが荷物を運んでくれることがあるでしょう？　自分の荷物を女性に運ばせて、手ぶらで歩くなんて抵抗を感じるんだよ。女性に重い荷物を運ばせたらダメだよね」

と話したのです。

やはりこの方は国際的な感覚の持ち主。グローバルに活躍なさる方の多い**ファーストクラスでは、搭乗後に荷物を棚の上にあげる際にも、ご自分でなさる人がほとんど**です。秘書やお付きの方が収納するケースもありますが、ＣＡに依頼することは、まずありません。

「男として恥ずかしくないのか」

もちろんＣＡは、依頼があればお手伝いをしますし、ご依頼がなくても困っているお客様を見かけたら、率先して一緒に荷物を上の棚に入れますが、本来はお客様ご自身で収納していただくことになっています。

なぜかといえば、日々重い荷物を持ち上げていると腰痛や身体のゆがみにつながってしまうからなのです。

そうした事情をご存じだったのかどうかは定かではありませんが、ある日、ビジネスクラスに搭乗していた年配のお客様は、ＣＡに無言で荷物を渡した50代の男性に対して「**君が自分で上げなさい。男として恥ずかしくないのか**」とおっしゃったそうです。

その年配のお客様は、上場企業の会長だったようで、そこに居合わせたＣＡは「さすがに一流の方は違う」と言っていました。

一流ならではの豪快なエピソード

すでにお伝えしましたが、そもそもファーストクラスのお客様は、最小限の手荷物で搭乗される点が共通しているのですが……。

これは先輩に聞いた話です。

今は亡き元祖セレブタレントの女性は、いつも超過料金をお支払いの上、貨物室に2トンの荷物をお預けになり、バッグ一つで搭乗されていたそうです。亡きご主人の分のお席も購入され、遺影を飾っていらしたのだとか。

2トンのお荷物の詳細については不明ですが、一説によれば、お城で彼女が主宰する晩餐会で出席者に渡すお土産だったといわれています。

手荷物は最小限でも、スケールは桁違い。一流の人ならではの豪快なエピソードだといえそうですね。

習慣46

荷物は自分で棚にあげることを鉄則にしよう

元を取ろうという発想は手放す

よく「お金持ちはケチだからお金持ちになれるのだ」と言う人がいます。

確かにお金は計画性を持って使わなければ、貯まるはずのものも貯まりません。そうしたことを考えれば、ファーストクラスに乗る人のなかに倹約家や節約家がいてもおかしくはないのです。

ただし、ファーストクラスに乗るための高い料金の元をとろうと躍起になっている人を、私は見たことがありません。

ビジネスクラスでは、小腹がすいたとおっしゃる方のために、セルフサービスでご利用いただける軽食を用意しています。その日、カウンターのデザートのコーナーでは、どら焼きを提供していました。

カウンターに並べたのは私でしたが、機内を一回りして戻ると、ついさきほどまで10個ほど用意していたどら焼きが姿を消していたのです。今日はずいぶんとどら焼きが人気だなと思いながら、さらに10個ほどお出ししたのですが、またもや瞬く間に消えてしまい、これは様子がおかしいと気づきました。

たまたま目撃していたCAの情報によれば、一人のお客様がコンビニの袋に入れてお持ちになっていたというのです。お土産にでもなさろうとしたのでしょうか？

もちろんお客様には、どら焼きを持ち帰る権利があります。とはいえ、一人のお客様が10個も20個も確保してしまっては、他のお客様に行き渡らなくなってしまうので困るのです。

そこでCAが代わるがわるカウンターの前に立ち、どら焼きの行方を見守るという苦肉の策を講じることにしたのでした。

言葉を添える大切さ

こうしたことはファーストクラスでは決して起こりません。お手洗いに設置されていてる高級化粧品が持ち去られることも、羽毛の枕がなくなることも、もちろんどら焼きが消えることも。

それればかりか「ご自由にお召し上がりください」と前もってお声がけをしているのにもかかわらず、ファーストクラスのお客様は、**お持ちになる際に決まって「一ついただきますね」と言葉を添えます**。

「もちろんでございます」とお伝えしながら、私が**一流人の上品な習慣**を備えたいと強く思っていたことは言うまでもありません。

習慣47

「ひと声かける」という上品な行為を身につけよう

お手洗いは使う前よりピカピカに

ファーストクラスのお客様のマナーは徹底しています。

どの方も**こちらが何かをするたびに、必ず「ありがとう」とおっしゃいます**し、食事の折にも背筋を伸ばし、静かにゆっくりと召し上がります。食べ終えたあとも、スプーンやフォークがきちんと並べられ、散乱したままということはありません。

さらに驚くのが、お手洗いの使い方です。

ファーストクラスでは、お客様がお手洗いをお使いになるたびに、ＣＡが鏡を拭いたり、トイレットペーパーを整えるなど、掃除をすることがマニュアル化されていますが、いつも本当にお使いになったのだろうか？　と思うほど綺麗で、むしろ使用前よりピカピカになっていることが多いのです。

次に使う方が気持ちよく使えるよう配慮ができる方は、やはり一流だといえるのではないでしょうか。

お手洗いのことを「お化粧室」と表現することもありますが、その名の通り、ファーストクラスの女性のお客様は、たとえ口紅を直すだけであってもお化粧室へ向かいます。これもまた周囲の人に対する配慮だといえるでしょう。

数あるファーストクラスのお客様のマナーとして、もっとも感動的なのは、飛行機を降りたあとの座席の美しい光景でした。

特に印象的だったのが、誰もが知るシンガーソングライター。彼女が飛行機を降りた後は、ご利用になる前とほぼ同じ状態で、機内誌なども綺麗に整えられていました。

脳裏に浮かんだのは、**立つ鳥跡を濁さず**ということわざです。

片づける人のことを考え、自分が使った物に対する感謝の気持ちを忘れない。彼女の歌う愛の唄が心に響くのは、彼女の心が美しいからなのですね。

習慣48

常に「相手への配慮」を考える癖をつけよう

無意味な争いはしない

相田みつをさんの詩集「人間だもの」のなかに、このような名言があります。

セトモノとセトモノとぶつかりっこするとすぐこわれちゃうどっちかやわらかければだいじょうぶやわらかいこころをもちましょう

エコノミークラスでは、お客様同士のケンカを目撃することが少なくありませんでした。大抵の場合は些細なことがきっかけです。

たとえばある時は、Aさんがシートを倒したところ、すぐ後ろに座っていたBさんが「倒しすぎだろう」と少々きつい口調で言い……。
Aさん「倒しすぎも何も、俺は寝たいんだ！」
Bさん「それならそれでひと声かけるのが礼儀だろう！」
Aさん「なんで俺がいちいちアンタに報告しなけりゃいけないんだ！」
Bさん「お前は常識を知らないのか！」

と、口論に発展。あまりの激しさに周りのお客様はお困りの様子。すかさずCAが仲裁に入ることで事なきを得ましたが、座席の問題はとてもデリケートなのです。

基本的にお客様にはリクライニングができる範囲の空間を買っていただいているので、当然この場合はAさんは座席を倒す権利があります。だからといって、無言で最大限まで座席を倒すと後ろのお客様に対して失礼なのは確かです。

明確に何センチまで倒してよいというルールがあるわけではないので、あとはお客様同士の良心にお任せするしかないというのが難しいところです。なかには、口論にまではならずとも、座席を倒されてムッとし、背もたれを叩く人などもいます。

私はそのようなことがあるたびに、心のなかで「セトモノと……」とつぶやき、自分も気をつけようと思っていました。

セトモノの心ではなく……

また夫婦ゲンカが勃発することもありました。

機内でＣＡがお子様におもちゃを配るサービスがあるのですが、奥様がお子様の希望を聞くことなく「これにしなさい」と決めてしまったことに対して、旦那様が意見したことがきっかけだったようです。

もしその場でわかっていたら、もう一つ差し上げることで未然に食い止めることもできたかもしれませんが、あとになって知ったのでなす術《すべ》もなく……。

「言い争いの声がうるさい」というクレームを受けて、「お客様、大変恐れ入りますが、他のお客様もいらっしゃるので、もう少し声を落としていただけませんか？」とお伝えしたところ、ピタリと止みましたが、その後はお互いに一言も口を利かず、飛行機を降りるまで険悪な空気が漂っていました。

あえて申し上げるまでもなく、ファーストクラスでケンカを見たことはありません。みなさん、**柔らかい心**をお持ちなのですね。

習慣49

〝柔らかい心を持ちましょう〟

自己分析をして戦略を立てる

ファーストクラスのお客様のお酒の召し上がり方については、これまでのところで触れていますが、驚くのは**非常に細かく自己分析をしている**ことです。

「機内では、ビールをグラスで1杯とワインをグラス2杯。これ以上飲むと、調子づいて止まらなくなる癖があるのでね」

「あと1杯飲みたいところだけど、我慢しないと起きた時に体が重くなるから、これでおしまいにしておこう」

「ちょっと疲れ気味でね。こういう時はワインならワイン、日本酒なら日本酒だけにしておかないと、僕の場合、少しの量でも二日酔いになってしまうんだ」

というように、気圧の影響で地上よりも酔いやすいことを考慮した上で、今日の自分の体調だと、どの種類のお酒を何杯飲むと酔い始め、どのくらい飲むと気分が悪くなるのかを把握しているのです。

ある時、そうした方の一人に「ご自身のことをよくわかっていらしゃるのですね」とお伝えしたところ、

「だって**自分の癖や弱みを理解していなかったら、怖くて生きていけないでしょう。**それは鎧《よろい》をつけずに戦うようなものだから」

と笑いながら話してくださいました。

公私共に自己分析を習慣化

それは笑顔とは裏腹にとても重みのある言葉だと思いました。おそらく、私などには想像もつかないほどのたくさんの壁にぶつかり、悩み、自分と向き合ってこられたのでしょう。そして、そのたびに自分の弱みを再認識し、克服しようと努力をしたり、自分の不得手なことを避ける方法を選択したり、人に任せる判断をしたりしながら、勝

つための土壌を開拓されてきたのに違いないと察したからです。

考えてみれば、同じ社長という役職についている方のなかにも、自分が最前線に立って部下を引率するタイプの方もいれば、あえて他の人を表に立て、自分は参謀の役割を果たすタイプの方もいます。

このことからもわかるように、**成功者はそれぞれの戦略を持って仕事に臨んでいる**のです。自分のことを知らず、闇雲に戦うなどという無謀なことはしないのです。

そんなことは当たり前じゃないかと思う人がいるかもしれませんが、一般的にはついつい流れにまかれてしまうタイプの人が多いのも事実。お酒を飲むというプライベートな場面でも自己分析を欠かさない。そうした**習慣の積み重ねが、いざという時の明暗を分ける**のではないでしょうか。

それはちょうど、学生時代には苦手だった早起きが、社会人になって毎日実践していたら習慣になったというのと同じように。

自己分析を習慣化しているかどうか。そこに私はファーストクラスに乗る人と、そうでない人の違いを明確に感じ取ります。

強みと弱みを可視化する

最後に、ファーストクラスのお客様から教えていただき、私が実践している自己分析のやり方をご紹介したいと思います。

まず、1枚の紙に自分の強みと弱みを一つずつ、それぞれ100個書き出します。次に類似している項目を近くに配置し、最終的には強みと弱みをそれぞれ10個程度に絞り込みます。さらに絞り込んだ項目の紙に、なぜそう思うのか具体的なエピソードを記入していきます。

驚くほど客観的に自己分析をすることができますので、ぜひ、試してみてください。

また、繰り返し行うことも重要です。

習慣50

プライベートな場面でも自己分析を欠かさない

ルーティンワークで効率を上げる

昨年、ラグビー日本代表の五郎丸歩選手が、ゴールキックの際に行うポーズが話題を呼びました。

五郎丸選手は、体を少し前に倒し、顔の前で人差し指を立て、両手を合わせるポーズを、メンタル面を強化し集中するためのルーティンワークとして取り入れているとのこと。

人気を集めた五郎丸選手と共に一躍脚光を浴びたルーティンワークですが、その存在を私はファーストクラスに乗る方々から教えていただき、かねてより注目していました。

ある方は大切な商談の前に、必ずランニングシューズに履き替え、同じ公園の同じコースを歩きながら考えをまとめていると話していました。

他にも、出勤前に必ず縄跳びを１００回跳ぶという人や、大きな契約前にはかつ丼を食べて、ブルーのネクタイで臨むという人もいました。

人によって何をルーティンワークにするのかはさまざまですが、同じ作業を繰り返すことによって、**集中力が生まれる**、**自信を持って物事に取り組むことができる**、**時間を効率的に使うことができる**などの効果が期待できるようです。

ＯＦＦを忘れると結果的に疲れる

また、ルーティンワークと同様に重要なこととして、ＯＮとＯＦＦのスイッチの切り替えがあります。

サッカー日本代表のキャプテン長谷部誠選手は、試合前に必ずミスターチルドレンの『終わりなき旅』という曲を聴き、《高ければ高い壁のほうが登った時、気持ちいいもんな》というフレーズによってスイッチを「ＯＮ」に切り替えているのだとか。

スイッチONに成功しても、スイッチをOFFにすることを忘れてしまうと、緊張感から解放されず、結果として疲れてしまうという話を聞いたこともあります。

ファーストクラスで出会った《ゴッドハンド》と異名をとる外科医は、家に帰るとビールを飲み、スイッチを「OFF」にすると決めていると教えてくださいました。途端に嫌なことは忘れ、疲れも吹っ飛んでしまうよと。そこで私も実践してみることにしたのです。

メイクをし、制服に着替える際、スカーフを巻いた途端にスイッチを「ON」にし、気持ちをCAモードに切り替えていました。そしてステイ先のホテルや自宅でメイクを取り、鏡に向かって「今日もありがとう」と言って笑うことで、意識的に「OFF」のスイッチに切り替えていたのです。

迷った時に思い浮かぶのは

このことに限らず、CA時代にファーストクラスのお客様から学ばせていただいたことは、なにもかもが心の財産。今も私のなかで脈々と息づいています。

自分がこれまでに積み重ねてきた経験や努力を無駄にせず、本番で１００パーセントの力を出すためにはどうすればいいのか。何を優先すべきなのか。何を大切にすべきなのか。冷静な人ならどういうふうに物事をとらえるのだろう。聡明な人ならどういう言葉を選ぶのだろう。〇〇さんならどうするのだろう……。

物事が思うように進まない時や迷いが生じた時に、いつも脳裏に浮かぶのはファーストクラスで出会ったお客様のことです。すると不思議なくらい冷静になることができるのです。

一流の方々にサービスをしたかけがえのない時間、得難い経験の数々は一生忘れません。素晴らしい出会いの数々に心から感謝しています。

習慣
51

自分だけのルーティンワークを持とう

謝辞

初めてファーストクラスのサービスを担当した日のことは、今でも鮮明に覚えています。どのお客様も、明らかに不慣れな私に嫌な顔をまったくせず、実にさりげなく助けてくださいました。お客様にお出しするグラスを置く手が震え、シャンパンが上手に注げない姿を見て、「今日の雲は格別にきれいだね」と、リラックスができるように話しかけてくださった、その優しいお顔は一生忘れることはないでしょう。

到着地ニューヨークのホテルで、その時に感じた想いを忘れないようにと、ビデオに向けてその日のサービスの振り返りをし、その時の気づきや反省点を語りました。

今回の出版を機にそのビデオを見返したところ「ファーストクラスのお客様は、目線やしぐさでモノを教えてくださいました。そして、早くファーストクラスのお客様に満足していただけるようなサービスができるようになりたいです」とうれしそうに語る自分の姿と改めて向き合い、私にとってファーストクラスでのサービスがいかに大切であったのかを思い出しました。

今回、この本の出版にあたりお力添えいただきましたＪＡＬ時代の先輩・加藤久雄さん、岡真紀さん、ＣＡＬＩＥＮの皆さま、構成の丸山あかねさん、快く写真を提供してくださったＪＡＬ広報室の方、プレジデント社の皆さま。そして出版のきっかけを作ってくださいました、故・桐山秀樹先生に深く感謝すると共に、桐山先生のご冥福を心からお祈りいたします。

また近い未来に、皆さまと研修や講演、もしくはマラソン大会会場でお目にかかれますことを、楽しみにしております。

２０１６年４月

毛利仁美

毛利仁美 もうり・ひとみ
元日本航空キャビンアテンダント
マナーコンサルタント

大学卒業後、1998年に日本航空入社。国内線を経て国際線のキャビンアテンダント（CA）となり、4年目からはファーストクラスも担当するようになる。在任中にはインストラクターとして新人CAの指導も行う。社内のサービス表彰4回受賞。本部長セールス表彰受賞。乗務割優秀履行賞受賞。本部長感謝状授受。2010年末に退職するまでの乗務時間は約6912時間。距離に換算して約414万kmで、地球を約103周分となる。

退職後は在籍中のインストラクター経験も生かし、マナーコンサルタントの道へ。ビジネスパーソンとしてさらに上のステップを目指す人を手伝うマナー研修会社『プリアージュ』を設立。皇室御用達のホテルや旅行会社、IT企業、建設業、リフォーム企業、日本切り花協会など、さまざまな業種、業界で研修を実施している。旅行会社『旅工房』では、研修の結果スタッフの対応力アンケートが10点満点中8.9点まで上昇し、成約率が1.4倍となった。

本来の好奇心の強さから大学2年の時にマラソンを始め、これまでにホノルルマラソン15回完走。ニューヨークシティマラソン、東京国際マラソンなどでも完走歴多数。ホノルルトライアスロン完走。ほか、乗馬、スキューバダイビング、旅行も趣味としている（47全都道府県踏破、46ヵ国訪問）。

著書に『ビジネスマナーの教科書』（共著／TAC出版）
『プリアージュ』ホームページ　http://preage11.com

ファーストクラスに乗る人が大切にする51の習慣

2016年4月21日　第1刷発行

著者	毛利仁美
発行者	長坂嘉昭
発行所	株式会社プレジデント社 〒102-8641 東京都千代田区平河町2-16-1 平河町森タワー13階 編集（03）3237-3737 販売（03）3237-3731 http://president.co.jp
編集協力	丸山あかね
装幀＋本文デザイン	加藤愛子（オフィスキントン）
撮影	高島宏幸（カバー、p19、p36）
イラスト	石玉サコ
写真協力	日本航空
校正	中山祐子
編集	木下明子、名越加奈枝
制作	田原英明
印刷・製本	株式会社ダイヤモンド・グラフィック社

ISBN 978-4-8334-5091-1
Printed in Japan
落丁・乱丁本はお取り替えいたします。